快適なライフスタイル・プログラム

健康、幸福、調和へと変える11週プログラム

ジャスムヒーン 著
エリコ・ロウ 訳

The Luscious Lifestyle Program
Jasmuheen

ナチュラルスピリット

THE LUSCIOUS LIFESTYLE PROGRAM

by Jasmuheen

快適なライフスタイル・プログラム　――平和の使節――　目次

第2週 調和した生き方 45

第3週　修得――瞑想とパワー・コード 71

第4週　祈りのパワー 99

第7週　神殿としての体

第8週 無私の奉仕 201

イントロダクション

平和の使節

平和の使節——健康、幸福、調和のためのライフスタイル・プログラムとは

個人と世界の健康と幸福を育む快適なライフスタイル・プログラムの概要と重要点をご紹介します。全11週からなるこのプログラムでは、人生を変える8つのパワフルな瞑想法もご案内します。

快適なライフスタイル・プログラムへ、ようこそ。

この実践的でパワフルなプログラムによって、あなた自身や世界の健康、幸福、調和をレベルアップしましょう！

快適なライフスタイル・プログラムとは

快適なライフスタイル・プログラム（Luscious Lifestyle Program：L.L.P.）は、文化や宗教の違いにかかわらずすべての人の全レベルでの鍛錬に向けて作成されました。生体フィールドの科学の原則に基づくこのホリスティック（心身ともに調和がとれた状態）なライフスタイルにより、健康と幸福がレベルアップできるだけでなく明晰な精神、直感力も高まり、私たちのより高次な表現を刺激し、私たちを利他の精神と慈愛心に富み充実した円満な人間にしてくれます。

このライフスタイルについて私たちがおこなった過去20年間の調査から、愛すべき人生の鍵となるのは時間の過ごし方であり、この特定のライフスタイルを毎日実践することで健康、幸福、調和がもたらされ、私たちが変われば社会も変わることがわかっています。

また、精力的に自分自身を磨くことによって、自分にとっての最高の可能性が実現でき、自らに新たな息を吹き込み、生命を与えている**自己**である**本当の自分**を体験できます。

快適なライフスタイル・プログラムにより圧倒的な喜びと満足感が得られるだけではなく、次のようなことも実現できます。

- **快適**なライフスタイル・**プログラム**は、内なる平和だけでなく外界の平和ももたらし、すべての戦争と暴力をなくし、世界を平和へと導きます。
- **快適**なライフスタイル・プログラ**ム**は、予防医学の役割を果たし病気をなくします。
- **快適**なライフスタイル・プログラ**ム**は、すべての人の全レベルの健康と生命力を増強するため、各国政府も納税者も医療や伝統療法に費やす巨額の費用を削減できます。

●**快適なライフスタイル・プログラム**を実践する主な利点は、人々の欲求が深いレベルで満たされ、必然的に人々の周囲への思いやりが増し、地球に調和がもたらされることです。

●**快適なライフスタイル・プログラム**により完璧な内なる師たる神聖な自己とコミュニケーションがうまくとれるようになるため、人々は自分やこの星のためにベストな時、場所で、ベストなことができるようになります。

●**快適なライフスタイル・プログラム**によって、私たちが通常使用しない脳の5分の4、私たちのより高次なマインドとより高次な自然意識が活性化します。

●**快適なライフスタイル・プログラム**は、神聖な栄養の経路と呼ばれる宇宙のマイクロ燃料にアクセスするために人々が利用するライフスタイルです。この代替栄養の選択により、お金が節約でき、より多くの時間が得られ、世界経済と環境に実質的な長期的利益がもたらされます。

●**快適なライフスタイル・プログラム**を実践すれば、エゴ、プライド、貪欲、唯物論、パワーゲームや低次元の基本的な特質を超越して、すべての質問に答える神聖な存在としての真の私たちの栄光を輝かせることができます。

●多くの人は、高度な訓練を受けた修行者のような規律やスキルは持っていないかもしれませんが、自由に開放できる純粋な本質のパワーは誰もが持っています。**快適なライフスタイル・プログラム**の実践により、想像以上に効果的にこのパワーを発揮できます。

●真摯に**快適なライフスタイル・プログラム**を実践すれば、すべての欲望から解放され、満足した状態に移行できます。

●あなたが意図すれば、自然に、執着せず、見識があり、非の打ちどころがなく、愛に満ちた存在になります。

私たちが抱える問題

ライフスタイルに向けたプログラムの実践的で洞察に満ちた、週ごとの詳細に入る前に、がんや肥満、うつの増加といった個人や世界が抱える問題に関する事実を見ておきましょう。このライフスタイルはそうしたすべての廃絶に役立ちます。

WHO（世界保健機関）が掲げる世界の問題*

肥満の問題

●約11億人が太り過ぎで、そのうち30％が肥満で、肥満を起因とする健康問題で年間300万人が亡くなっています。

●米国では成人の65％が太り過ぎまたは肥満に分類されており、ライフスタイルの改善によって解決されない場合、2030年までにその割合は86％に上昇します。関連する医療費は2030年には年間9560億ドルに達すると予測されています。

●6～19歳の米国の子供たちの16％は太り過ぎと見なされており、この数字も上昇しています。

がんの問題

●2012年にがんと診断された約1400万人のうち820万人ががんとの闘いに敗れ、その後も罹患率は53％増加しており、2030年までには毎年2200万人が罹患するようになると予測されています。

●こうしたケースの半数近くはライフスタイルの改善により予防可能であり、**快適なライフスタイル・プログラム**を利用することで人はがんから治癒できる可能性があることもわかっています。

その他の問題

●アルコールの濫用により年間250万人が死亡し、アルコールを重大な起因とする60種類の病気があります。

●肥満と同様にうつ病が蔓延しており、この病気も深刻な健康問題の一因となっています。毎年1億2100万人のうち25％近くの人がその影響を受けており、効果的な治療を受けています。

●現在、15～25歳の若者の主な死因は自殺です。

＊ＷＨＯの情報は英語原文（既版本）に準じて翻訳しており、最新の公表統計とは異なる場合があります（２０２２年１月現在）。

これらの統計はすべて、ライフスタイル・プログラムを利用することで大幅に改善できます。気、つまり生命力のレベルを上げることができれば、より健康になり、調和と幸福を感じることができるからです。気や生命力が弱まる原因は、私たちの時間の過ごし方と、質の高い自己育成の欠如がもたらす生体システムの病気によります。

また、このライフスタイルを構成する8つのライフスタイル・ポイントの組み合わせにより、脳波はせわしないベータ波から、より瞑想的でリラックスしたアルファ波とシータ波のパターンへとシフトし、より洗練されたバージョンの自分自身を発見して実現できることもわかっています。

このライフスタイル・プログラムはまた、私たちのエネルギーの放射を変え、自然な磁気の引き寄せパターンになるようデザインされています。その結果、より洗練された領域に存在し、より完全で完成した自分を実感し、存在のすべての瞬間を楽しめるようになるのです。

快適なライフスタイル・プログラムについてのポエム

瞑想、祈り、音楽などは、
私たちの扉に甘いエネルギーの流れをもたらします。
私たちの脳を照らす精妙な流れ、
私たちに啓示をもたらすその領域に、痛みはありません。
軽い食事、運動、奉仕も加えましょう。
体を神殿とするホリスティックな見方で、
とても純粋な自然のなかで過ごす沈黙の時の価値を知りましょう。
ワンネス、あなたの内なる神を感じるために。
これらの方法が私たちの団結と調和も可能にしてくれます。
真実のリズムとしての幸福が明らかになるのです。

本書で学ぶプログラム

本書では、**快適なライフスタイル・プログラム**を11週に分類して学んでいきます。週ごとのプログラムは、次のとおりです。

第1週　明晰さについて

明晰さ、恩寵、純粋な愛についての洞察に加えて、常に真実を知るための実用的なガイダンス・システムと再調整のためのツール。

第2週　調和について

調和した生き方と、実用的な関係の改善——これらをアップグレードするツール、健康なハートとマインドの兆候、そして美徳のパワー。また、これから生まれる新しい、より意識の高い子供たちとの調和した生き方。

第3週　修得について

瞑想の魔法として、パワフルな愛の呼吸の瞑想と3つのマントラのパワー・コードを紹介。
——瞑想は、8つのライフスタイル・ポイントのパート1。

第4週　祈りのパワーへの理解

パワフルな祈り、普遍の法則とワンネスに関する洞察。私たちのベースライン・エッセンスに加えて、活力を与える存在の本質の瞑想。

――祈り、聖なる交信は、8つのライフスタイル・ポイントのパート2。

第5週　精神の修養とプログラミングのパワーについて

精神の修養とプログラミングのパワーに加えて、健康、DNA*、パラダイスの再コーディングについて。トップダウン・テンプレート・ローディングの脳波パターンとエネルギーフィールドの科学の洞察。

――精神の修養は、8つのライフスタイル・ポイントのパート3。

＊Deoxyribonucleic Acid：デオキシリボ核酸。DNAの複製によって遺伝子情報が親から子へ受け継がれるとされている。

第6週　栄養の選択について

軽い食事、ベーガン、ビーガン、ローフードの利点に加えて、栄養記録とプラーナ燃料の洞察。

――より軽い食事は、8つのライフスタイル・ポイントのパート4。

第7週　神殿としての体について

神殿としての体、エクササイズ・プログラム、マスター腺に関する洞察、それに加えて、内臓を癒すメッセージ瞑想とボディ・ラブ・ツールの起動。

——神殿としての体は、8つのライフスタイル・ポイントのパート5。

第8週　無私の奉仕について

あなたの人生の目的や任務を評価するための簡単な瞑想に加えて、豊かな生活と本能的なリズムに目を向け、人間関係を改善する瞑想で修了。

——無私の奉仕は、8つのライフスタイル・ポイントのパート6。

第9週　純粋性、沈黙のパワー、自然について

純粋性、沈黙のパワー、自然に加え、ガイアの歌と、自分自身や他人に栄養を与えるための「私はあなたを愛しています」の瞑想について。

——自然のなかで沈黙する時間は、8つのライフスタイル・ポイントのパート7。

第10週　聖なる音楽について

聖なる音楽とその変革力、癒しの音、サイマティクスの科学、432ヘルツのパターン、よい記憶につながるエクササイズ。

——聖なる音楽は、8つのライフスタイル・ポイントのパート8。

第11週　評価と正直なフィードバックについて

評価と正直なフィードバックに加え、ライフスタイルのアプリのガイダンス、これをほかの人と分かち合い、平和の使節になるための招待状。プログラムを通じてコミュニティと分かち合う時間を提供。

――最高のバージョンの自己の瞑想で修了。

THE LUSCIOUS LIFESTYLES PROGRAM

EMBASSY OF PEACE

... A lifestyle Program for Health,Happiness & Harmony...

第 1 週

明晰さ、恩寵、純粋な愛

第1週　明晰さについて

明晰さ、恩寵、純粋な愛についての洞察に加えて、常に真実を知るための実用的なガイダンス・システムと再調整のためのツールについて紹介します。

はじめに――私たちのライフスタイル

アルベルト・アインシュタインはかつて、次のように述べています。

「私たちが体験できる最も美しいものは、神秘である。それは真の芸術と科学の源だ。感情と無縁になり、不思議に思って立ち止まることができなくなった人は、死んだも同然だ。目が閉じられているのだ。

人生の神秘への洞察は、その謎を解き明かすのに恐れを伴うため、宗教も生み出した。私たちにとって不可解なものが実際に存在することを知るということは、それ自体が最高の知恵、最高の輝きの美であり、私たちの鈍い能力では最も原始的な形でのみ理解できるものなのだ。この知識、この感覚が真の宗教性の中心だ」

すべての人がアインシュタインのように考えるわけではありませんが、多くの人は人生のある時点で、次のように自分自身に問いかけるでしょう。

●私たちの存在の目的は何だろう？
●多くの賢明な人が言うように、ただ幸せになり、すべての人と調和して生きることだろうか？もしそうなら、どうすればよいのだろう？
●私たちがすべての人と調和した状態で存在できるように、私たちのライフスタイルを調整して波動を変え、意識を拡張するだけの問題だろうか？
●それはそれほど単純なことなのだろうか？　霊的な現実はもっと複雑になることを意味しているのではないだろうか？
●私たちのライフスタイルは私たちの実際の生活にどれほど強力に影響し、私たちのＤＮＡを変えることができるのだろうか？

世界と私たちがともに創造したすべてのものを変更し、ただちに修正する必要性を感じる人もいるかもしれません。あたかもそれが与えられた仕事、責務であるかのように感じて。

または、次のように自分自身に問う人もいるでしょう。

●私たちの生活を、散発的ではなく一貫したシンクロニシティと恩寵の流れで満たすことはできるのだろうか？

●私たちは本当に健康、調和、幸福、平和、至福、感謝、そしてより高い意識の状態の一貫したリズムにいることができるのだろうか？　私たちのシャドー（影）の面はどうだろう？

●あるいは、真に悟りを開くとはどういう意味なのだろう？

●多くの人が言っているように、私は本当に私のなかにすべての答えを持っているのだろうか？

●いまこの瞬間に完全に存在するとはどういう意味なのだろう？

●あるいは、これらすべてに科学性はあるのだろうか？　もしそうなら、脳波のパターンは？　こうしたことは、この世界やお互いの経験にも影響を与えるのだろうか？

●瞑想のテクニックを利用して、脳波パターンを忙しいベータ波からリラックスしてより健康的なアルファ波のレベルに、そして、さらにシータ波のパターンへとしっかり変えられれば、そのすべての利点を体験できるのだろうか？

●次に、これらの脳波パターンを維持して、無限の愛と知性の普遍のフィールドが異なる方法で私たちに反応するようにすることはできるのだろうか？　私たち全員が平和、至福、満足、愛、そして真実の最も深い流れを体験できるように。

●私たち全員が利用できる無限の知性はあるのだろうか？　もしそうなら、どうすればそれに一貫してアクセスできるのだろうか?

●普遍の法則の知識は、これらすべての役に立つのだろうか?

まず、これらに対する答えはすべて「YES(はい)」です! しかし、それを知るには体験する必要があり、多くの人が体験して事実だと確認する必要があります。

はい。西洋諸国の人々の97%がライフスタイルの改善によって恩恵を受けることができると、さまざまな研究者が宣言しています。

はい。平和使節団としての数十年にわたる研究により、すべての人の健康と幸福のレベルを改善し、私たちのマインド、ハート、魂に栄養を与えることができる特定のライフスタイルがあることがわかりました。

はい。より高次の光の科学のレベルでは、私たちがどのように時間を過ごすかによって私たちの生物システムの放射が変わり、量子フィールドを駆動する愛ある知性が私たちにどのように反応するかが決定することもわかりました。

そうです、私たちは本当に私たち自身の現実のマスターなのです!

はい。私たちのエネルギー・フィールド内のエネルギーの組み合わせを変更する方法に関する能力、スキル、知識を持つことが、私たちに大きな喜び、平和、満足をもたらすことも事実です。そうなれば、人生をよりよく理解し、人生体験と私たちの生活が他人やコミュニティに与える影響を変える方法がわかるからです。

また、意識の拡張と、私たちの存在のすべてのレベルでの鍛錬のために考案された、よりホリスティックなライフスタイルの実践によって自身を知り学ぶことで、すべての質問に対する答えを見つけることができることもわかりました。

バランスのとれたホリスティックなライフスタイルは、健康と幸福のレベルを向上させるだけでなく、精神的な明晰さと直感的な能力を高め、純粋な本質の特質の表現を刺激するため、それによって私たちはより思いやりのある利他的な人々になることができます。

そうです。私たちがどのように時間を過ごすかは、人生を理解できるようになるための鍵であり、人生を愛せるようになるための鍵でもあるのです！

この驚異的なライフスタイルは、私たちの世界のすべての苦しみを終わらせる方法として、何年も前に女神のような存在によって私に与えられました。これまでとても多くのよいフィードバックを得てきました。

このライフスタイルの組み合わせで生きることを通して、多くの人々がより健康で幸福で調和した存在になり、存在する純粋な喜びと感謝で人生が満たされたのです。

私たちの誰もが、自分が選択した現実のモデルを創造する自由意志を持っています。それを人生で実験し、識別するのは私たち一人ひとりの責任ですが、その選択が自分にとって完璧に機能しているのがわかる時は、いずれ訪れます。人生が恵みに満ち、唯一の祈りは感謝の祈りとなり、心が満たされて、宇宙に言わなければならないのは「ありがとう」だけになるからです。

人々はシンクロニシティ、ヨギが恩寵と呼んでいるものを好みます。シンクロニシティは安定した流れである場合もあれば、時々感じるものである場合もあります。時々見たり感じた時には、強く欲しますが、人生が恩寵で満たされれば、不足は何もなくなり、私たちは欲から解放されます。

8つのライフスタイル・ポイントによる**快適なライフスタイル・プログラム**は、基本的には私たちの世界のすべての苦しみを終わらせるようにデザインされていますが、それだけでなく、私たちを恩寵のチャンネルに簡単に合わせてくれるのです。

ライフスタイルの概要

では、8つのライフスタイル・ポイントについて簡単な概要を説明しましょう。

1　瞑想

瞑想の目的は、私たちの本質を体験し、その恵みを受け入れることです。

2　祈り、聖なる者との交信

私たちの親友であるかのようにUFI（Universal Field of Infinite love and intelligence：U.F.I.：無限の愛と知性の普遍のフィールド）に語りかけます。これには普遍の法則と量子フィールドの知性のパワーを理解することが含まれる場合もあります。

3　前向きな思考と精神の修養

現実の創造における思考と明確な意図のパワーを理解します。

4　光の食事

光に満ちた食べ物、生命力に富んだ生きた食べ物を食べ、食べる量を減らします。「より生命力に溢れたより軽い食事をより少なく」が新しい食のマントラです。

5　神殿としての体（体を神殿として扱う）

たくさんの愛と楽しい運動を体に与えて、その声を聞くことを学びます。

6　無私の奉仕

すべての生きものに対して親切さと思いやりを持ち、個人的な報酬を考えずに必要な時に他人を助けます。

7　沈黙

家では時々沈黙し、自然のなかで沈黙することで、私たちは自分の本質の声を聞くことができます。

8　聖なる音楽

聖なる音楽を歌い、聖なる音楽を聴けば、私たちのハートと感情体への栄養となります。

このライフスタイルの最も驚異的な利点のひとつは、恩寵とシンクロニシティに満ちた人生を生きられることです。

恩寵と感謝の気持ちを持てば、私たちのなかで量子フィールドが愛と知性の海としてどのように流れるかを体験できます。そこでは、純粋な慈悲の信じられないほどの存在との楽しい相互作用によって、問いかけへの答えが得られます。この慈悲を体験し、慈悲の加速器となれば、私たちの最高の可能性に気づくことができ、真にリラックスして存在の各瞬間を平安に健康的に、時には喜び、時には至福の状態で、そして常に滋養に満ち満足しながら楽しむ能力が得られます。素晴らしいパラダイムとなるのです。

この慈悲深い純粋な愛は、集まり、恩寵を明らかにし、人生を整理し、刺激し、導き、保護し、つながり、ドアを開け、磁化し、創造し、人に滋養を与え、人を導き、支援してくれます。

私たちは恩寵の流れのなかで生き、すべての恵みを受け取り、すべてのレベルで栄養を与えられるのです。このチャンネルに合わせれば、私たち全員が驚異的な自由を得られるのです。

ありがたいことに、いま、人類の集合的なハートが愛と平和のより純粋なリズムに向けてよりオープンになっています。多くの人がすでに発見したように、純粋な愛の最も深い流れが生命のマトリックス（基盤構造）に浮かび上がり、それが私たちのなかで浮かび上がってきたことに気づけるのです。

私たちがライフスタイルと集中力を通してこの流れに飛び込めば、私たちは必要なすべての栄養を受け取り、条件や報酬の考えなしに愛を自由に与えることができます。この純粋な意図による行為には、最も素晴らしい恵みがついてきます。それは、あるじが最高のしもべとなり、心からの奉仕をしている人々が自分自身の内なるあるじを発見するフィールドです。

この純粋な愛の慈悲のおかげで、私たちがその脈管にいればすべてが完璧で、すべてが理解でき、人生は単なる気づきと目覚めのリズムであり、正しいか間違っているか、良いか悪いかの判断や、苦悩、痛みや混乱はなくなります。この気づきのフィールドでは、すべてが愛のリズムのなかで展開され、愛のフィールドに抱かれ、愛によって養われ、純粋で完璧です。

私たち自身の本質の特質である純粋な愛が私たちの内側から湧き上がれば、それはすべての細胞を満たし、私たちの存在のすべての原子を流れます。存在の奥深い次元で私たちに息と愛を吹き込みます。それにより私たちは存在のすべての領域を体験することができます。

私や読者の皆様もすでにご承知のように、すべての王国、すべての次元は、すべての創造の根底の波動であるこの本質に基づき存在しています。すべての聖者が語り、経験してきたように、私たちの本質の目覚めは修得可能なものであり、自分が選択した王国に私たちを届けてくれます。そしてありがたいことに、この天の王国には入り口があります。それは、波動として存在する私たちの奥深くにある歌です。そのハーモニックと一致した時に扉が開かれ、そこにいられるようになるのです。

しかし、本質というのはすべて私たちの本質に関するものです。なぜなら、このように異なる方法ですべてのレベルにおいてこの自由を育ててくれるのは、悟りを得た私たちの本質だからです。そして、本質によって奥深い内側から十分に栄養を得ている人は、どこへ行っても、どこにいても、この純粋な栄養を慈悲深く放射します。そのため、私たちの世界はエデンの園のようになります。そもそも、そういう運命にあったのです。

いまを生きる多くの人にとって、この人生はもはや個人的な現実ではなく、グローバルなものです。人生は普遍的なものとする人たちもいます。

絶え間ない恩寵の流れと内なるサポートを引き寄せられる状態に個人的な現実を固定すれば、そして私たちがフィールドの働きをしっかり理解していれば、ここでの私たちの時間は全体を引き上げるための奉仕に捧げられる時間になります。それは、私たちが世界を救う必要性、つまり「神様コンプレックス」に苦しんでいるからではありません。単に私たちが自由に発散し制御できるエネルギーのシステムであることを知っているからで、私たちは地球に栄養を与える存在になるという選択ができるのです。

最も重要なことのひとつは、私たちにとって何が正しいかを正確に識別して発見できることです。なぜなら、私たちは個人として誰もがユニークだからです。

では、私たち自身の純粋な本質の特質が持つ意志を明確に理解することによってそれをおこなう方法を見ていきましょう。

試行方法――ベースライン・エッセンスのガイダンス・システム

呼吸のテスト

呼吸のテストは、本質の意志に従って、自分にとって何が正しいかを常に正確に知るための方法です。このテクニックで、いま知っておくべきすべてのことが判断できます。また、これを利用すれば正確な時間、正しい方向を見つけることができ、あなたの最善に向けて必要なものは何でもチェックすることができます。

あなたの本質があなたに息を吹き込み、あなたの呼吸のリズムを変えることによって、あなたにとって明確でないことを否定したり、または確認できることを覚えておきましょう。

では一緒にやってみましょう。

①あなたにとって完全な嘘であることがわかっているような単純なことがらについて、少し考えてみてください。たとえば、「私の体は本当に肉が大好きです」といった単純なものです。

これは、ベジタリアンや私のようにプラーナで生きる人にとっては真実ではありません。

②これを真実であるかのように何度も唱えながら、息がどうなるかを観察してください。

③それが真実であるかのように何度もこの嘘を唱え続けている間、あなたの体で何が起こっているかを観察しながら、自然に呼吸してください。

④今度はあなたが100％真実であることがわかっていること、たとえば「私は本当に私の家族を愛している」といったような単純な言葉を思い浮かべたり、あなたにとって絶対に真実であることを見つけてください。

⑤次に、この単純な真実を事実の表明として何度も唱え、その間、通常の呼吸がどうなるかを再度観察します。

⑥あなたの呼吸にはエネルギーがあります。そのエネルギーが、唱える言葉にどう反応しているかをよく観察しましょう。

⑦この先を読み進む前に、少し時間をとってこの呼吸のテストを練習しましょう。

結果や兆候

多くの人は、自分にとっての真実を唱えている時には、あなたに呼吸させている本質の意志と100%一致しており、肉体としては息がすぐに胃や腸のあたりまで落ち、内臓、特に肺が拡張してオープンになったように感じます。

また、あなたの本質にとって真実ではないことを唱えれば、あなたに呼吸させている本質は、呼吸が鼻に向かって上昇するか、または喉につかえたような感じで知らせてくれます。体内で肺を含むすべてのものが閉鎖または収縮したように感じるのです。

ほかにも、自分の本質が明確に自分の発言に反応している証として、心臓の鼓動や感覚の変化に気づけます。

次のような呼吸のリズムをしばらく試してみてください。

自分の人生のなかで確認したい不確かなことがらを考えて、それが真実であるかどうかを知っているか否かにかかわらず、常にそれが真実であるかのように発言してみて、あなたの息の反応を見てみましょう。

私はいつもこの呼吸のテストを次のようにはじめるのが好きです。

「私にとって、…（発言を挿入）…ことは有益です」

「…（発言を挿入）…は、私にとって最善です」

「この世界での私の最善であり私の仕事にとっての最善のために、…（発言を挿入）…」

長年にわたって瞑想してきた人の多くは、明確な内なるガイダンスを受け取ることに長けていますが、内なる声を聞くことができるように真に静止するためには、時間がかかることもあります。

この呼吸のテストのテクニックは、私たちがどこにいても、深い瞑想に入らずに迅速な確認が必要な時にはいつでも、本質から内なるガイダンスを迅速に受け取れる簡単な方法です。この簡単なテクニックを通して自分にとって何が真実であるかを常に知ることができれば、二度と自分のパワーを誰かに明け渡さずに済みます。

このテクニックをよく練習しても応答がなければ、確認を求めている情報に関してまだ答えを知る時ではないか、またはあなたが知る必要のないことなのかもしれません。

しかし、このテクニックは、他人のために情報をチェックしたり、彼らにとって最善のデータを探したりする時には非常に役立つことが多いのです。私たちの本質は彼らの本質であり、すべてを知っていて、すべてを愛し、すべて賢明で、どこにでも存在し、あらゆる瞬間に私たちを呼吸させているからです。

ですから、すぐに反応が得られるようになるように、次のテクニックを練習しましょう。

●頭のなかであなたの本質に向かってテレパシーで1～2回発言し、呼吸がどう反応するかを確認します。

●常に自然に呼吸します。

●常にそれが真実であるような発言をします。

テストをおこなう際の注意点

この手法は、人生を変える可能性のある重要な決定を下す前に使用できます。身体の意識とコミュニケーションをとる方法として、医療診断にも最適です。

テクニックは簡単かもしれませんが、正確な発言ができるかは直感によります。反応がなければ発言内容を変更しますが、反応がないということ自体が、それを知る時ではないことを意味する場合もあります。あるいは先に述べたように、あなたが知る必要のないことなのかもしれません。

また、このテクニックは、猜疑心からあたかもこのテストの信憑性を試すかのようにそれほど重要ではない質問をした場合、またはあなたの脳波の多くがせわしないベータ波の時には、うまくいかない可能性があることにもご注意ください。深くゆっくりとした呼吸を通して、まずは、よりリラックスしたアルファ波の脳波のパターンに入ってから、明確に発言することをおすすめします。

このテクニックを使用すると、呼吸の一部が鼻に向かって上向きになり、一部は胃に落ちるように感じることもあります。それは、体が次のように言っている場合です。

「あなたの質問は不完全です。もっと情報を確認し、質問を絞り込み、別の方法で発言してください。その答えは〝はい〟または〝少しいいえ〟、〝チェックを続行してください〟、〝詳しく説明してください〟かもしれません」

この手法は簡単ですが、明確な反応を得るための発言内容を作成するのは簡単ではないのです。

今週のエクササイズ――再調整のためのうめき声と喉を鳴らすツール

人生には物事で苦労することがありますが、次のテクニックを利用すれば、体内に保持するのが有益ではないエネルギーを解放してバランスをとり直せます。多くの人がすでに認識しているように、すべての内臓は未解決の感情を保存しているからです。

「うめき声」のエクササイズ①

●毎日のはじまりまたは終わりに、あるいはその必要性を感じた時にはいつでも、数分でできます。「ああああ」またはもっと不機嫌そうに、「うーむ」といったように。

●これをなるべく長く大きなうめき声で、できるだけ感情を込めてうめき続けます。人生やその日に苦悩したことや苛立ったすべてのことについて、うめき声を上げていると想像するのです。これはあなたのインナーチャイルドの関心をひく絶好の機会でもあります。

●あなたがついに笑いはじめるまで続けてください。笑いによって私たちは問題をよりよい視点で見ることができ、そのエネルギーに共鳴して、このエクササイズを終えられます。

「うめき声」のエクササイズ②

こちらも人生に調和を取り戻させるためのものです。

●あなたが大きな歓びを経験した時のことを考えてください。あなたの腕のなかに美しい赤ちゃんを抱いた時、セックスで素晴らしい快感を分かち合った時などを思い出し、想像し、そして喜びを感じてから、ハートのチャクラに手を置いて、口を開けて「あー」という声を出し、それがどのように心臓を振動させるかを感じてください。

●次に、口を閉じて、純粋な歓喜のうめき声で心臓も振動させます。これはまるで、愛情を込めて撫でられた猫が幸せを感じた時の喉鳴りの音のように聞こえます。エジプト人は、膝の上の猫が喉を鳴らす音によって人は再調整され癒される、と信じていました。

数分かけて、これらを両方とも練習しましょう。

目を閉じてください。

さあ、みんなで少しの間うめき声を上げましょう。

そして、次に、それを純粋な歓びの喉鳴りに変えましょう。

ライフスタイル・プログラムの最初のセクションをはじめるためのこの簡単なエクササイズは、人生を明確にするエクササイズと私が呼んでいるものです。

このエクササイズ専用の日記帳を購入して、あなたの人生を記録し、新たな目で見はじめてください。過去を忘れることができない理由、過去にとらわれているために達成できないことはありますか？

この瞬間を真新しいはじまりとして見てください。いまここで、愛、健康、富、情熱、人生の目的、友情、家族関係など、何が欲しいですか？

このプログラムを実践している間に1週間かけて瞑想し、これらのそれぞれについて自分が本当に何を欲しているのかを熟考するとよいでしょう。

今週の言葉――ハロルド・シャーマン

「自分の外の力に依存すればするほど、それらに支配されるようになります」

心から感じ、気分を高揚させてくれる2曲を聴きながら、沈黙そして静止し、第1週を終えます。

THE LUSCIOUS LIFESTYLES PROGRAM

EMBASSY OF PEACE

...A lifestyle Program for Health,Happiness & Harmony...

第2週

調和した生き方

第2週　調和について

調和した生き方と、実用的な関係の改善――これらをアップグレードするツール、健康なハートとマインドの兆候、そして美徳のパワーについて紹介します。また、これから生まれる新しい、より意識の高い子供たちとの調和した生き方について考察します。

幸せな人生とは、多くの場合、体の内外の健康と調和を含むバランスのとれた人生のことを指します。それには、他人や自分自身との関係も含まれます。

第2週では、主にコミュニケーションをレベルアップすると同時に、自分にとっての最善を経験したり、さらに発展させたりするための美徳について見てみましょう。

ダウ・マッチ・コード

私は多くの人と同じように、エゴや過去のタイムラインからの影響を超越する、高いレベルでの本質から本質へのコミュニケーションに興味があります。教育の違いも文化の違いも、互いに直接コミュニケーションをとれば超えられるのです。

私たちにとってのダウ（DOW）とはDivine One Within（私たち全員の内にある神聖なもの）、つまり私たちの本質です。ダウ・マッチ・コードは、十分な数の人々が明確に意図し誠実に言葉として発すれば、完璧なコミュニケーションを促進し、私たち全員を調和させ、力を与える可能性を秘めています。唱えるコードは次のとおりです。

「ダウ・マッチ・ナウ！」

「神聖なつながりを、いま！」

または**「本質のつながりを、いま！」**でもよいでしょう。

私たちが誰かに会う時、誠意を持って静かに3回そう唱えれば、私たちの世界と私たち自身を調和させる素晴らしい方法になります。もちろん、いまこれから出会うすべての人とこの「本質のコネクション」が自動的に起こるという明確な意図を持つだけでもよいのです。

ダウ・マッチや「本質のコネクション」という命令は、家族、友人、同僚、見知らぬ人を最初に歓迎した後にも利用できます。

出会った瞬間にあなたのハートからピンクの愛のビームを彼らのハートに送れば、お互いの間のエネルギー・フィールドの共鳴が変わり、純粋な形のエネルギー・コミュニケーションへの扉が開きます。それから、彼らを見て、お互いの間を流れる至上の愛を想像しながら口に出さずにこう言います。

「はい、私は本当にこの人と最も完璧な関係を持ちたいので、いまダウ・マッチを求めます。お互いに有益な関係を楽しむことができるように、私が出会うすべての人と本質から本質への波動で同調できますように」

ダウ・マッチは、名誉と尊敬と帰依の行為です。それは、自分の個人的な利害から離れて、私たちの純粋な本質の特質である最高意識に、両方の当事者を通してコミュニケーションするように求めることです。このダウ・マッチ、**「神聖なつながりを、いま！」**という命令により、相手が他人であれ友人であれ、最も完璧なやりとりに育つように新たな関係がはじまり、それによって相互利益になる関係を構築することが可能になります。あなたにとっても、他人にとっても、また世界のエネルギー・フィールドにとっても勝利となるのです。

ダウ・マッチ、本質のつながりを求めることは、私たち自身や他人のためにできる最も無私無欲なおこないであり、これにより、ベースライン・エッセンスとすべての人の純粋な本質とでコミュニケーションする機会が与えられます。

こうした明確な意図のコードは、共鳴と引き寄せの普遍の法則と連動します。

したがって、これを誠実に利用し、私たちの思考と感情が私たちの現実をどのように構築するのかを理解すれば、人類の進化の方向を調整したり変革するパワーとなります。

ダウ・マッチに関するエピソード

エピソード①

私の友人は長年サンゴ礁でグループ・スキューバ・ダイビングをしていましたが、何年もの間、彼らが魚たちの棲息域に入ると、魚たちはまるで恐怖を感じたかのようにすぐに逃げ出していました。

そこで友人はグループに対して、ダイビング中は心から愛を送り、神聖なつながり「**ダウ・マッチを、いま**」という命令を使用するように指示しました。するとすぐに彼らの小さな水中フィールドは、非常に好奇心が強く友好的な魚たちの壮観な群れで満たされ、彼らが魚たちへの愛の放射をやめるまで、魚たちは離れていきませんでした。

エピソード②

多くの場合、最初に自分の存在のより深いレベルを探求し、直感的な資質を信頼するのは女性で、彼女たちはオープン・マインドなパートナーとその旅路をともにしたいと思っています。これは私が何年も前にセミナーで出会った女性の大きな切望でしたが、彼女の夫と成長した息子が興味を持つのはテレビ、特にスポーツ番組で、彼らはお酒も飲み、不健康な加工食品をたくさん食べていました。

私がその女性と出会った時には、彼女は徹底したベジタリアンで、定期的にヨガと瞑想を楽しんでいる、とても優しくて思いやりのある人でした。家族は彼女が何をしようと言おうと、彼女の新しいライフスタイルにはまったく興味がありませんでしたが、彼女がすることには彼女のために喜んでくれていました。それでも彼女は、彼らとのコミュニケーションが非常に限られており、改善が必要だと感じていました。

夜のセミナーでダウ・マッチのテクニックを学んだ彼女は、家に戻ると、夫と息子がテレビを観ながら座っている部屋のドアの前に立ち、最も純粋な愛のビームをハートから送り、命令を宣言し、すっかりすべてを手放してから、彼らの夕食をつくりはじめました。

翌朝、彼女の息子がキッチンにやって来て、彼女をしっかりと抱擁し、彼女の耳にささやきました。

「僕が本当に愛していることはわかっているでしょう。してくれていることすべてに感謝しているよ！」

そう言ってから朝食を食べはじめたのです。それは彼女にとって、いままで一度も息子からかけられたことのない言葉で、ずっと長い間、そのように感情を込めて彼女を抱きしめてくれたこともありませんでした。

その日から、彼女の夫も彼女に気づかいコミュニケーションの仕方が変わったようで、「心に大きな平和が訪れた」と彼女は私に言いました。

エクササイズ――簡単な瞑想法

次の簡単なビジュアライゼーション（視覚化）の瞑想法をいますぐ実践してみましょう。

●目を閉じて、深くゆっくりと息を吸います。

●ただあなたのマインドと注意を呼吸に集中させてください……。リラックスして、いまこの空間で、この瞬間に完全に存在することを自分自身にゆるしてください。

●あなたが知っている、愛している、または定期的に交流しているすべての人々が、あなたの周りに輪になって立っていると想像してみてください。

●あなたのハートの中心が大きく開き、純粋なピンクの光のビームがあなたのハートから流れ出て、あなたの周りにいるすべての人々のハートにつながるように想像してみてください。

●あなたの周りの人々のハートがこの流れを受け取って開き、あなたの愛も吸収していると想像してください。お互いの間を通過するのは、神聖な愛の流れとしての純粋で滋養に富んだ本質のエネルギーだけです。

●それを感じましょう……。沈黙のなかで少しの間そう想像してください。

●そして、感情を込めて次のように言いましょう。

「この瞬間から、私が知り、出会うすべての存在と、私は〝純粋な本質と純粋な本質で〟交流します。すべてが私たちの間で相互に強化し、すべての最高の利益のために展開しますように！」

●数分間黙想します。あなたはどう感じますか？

●この瞑想の状態で、次のような、より具体的な意図のコードを追加することもできます。

「私のダウ、私の本質に、いま求めます。私の家族、愛する人、友人、同僚など、皆の内なる聖者、彼らの純粋な本質の特質であると、いま私をつなげてください。

私のダウ、私の本質に求めます。外部の影響や文化などを超えて、このようにつながることにオープンな世界中のすべての存在の本質に私の本質をマッチさせてください。本質からか本質へ、いまつなげてください。

すべての最善のために私たちが分かち合うすべてがうまく展開されますように」

●次に、少し時間をかけて、この瞑想状態であなたが愛したすべての人々、あなたを愛してくれたすべての人々、そしてあなたがまだ愛している私たちの人生のすべての人々に感謝します。

●すべての最善のためにあらゆることが、あなた自身とあなたがつながるすべての人との間で展開されるという考えにも注目しましょう。

●次に、誠実に心から感情を込めて次のように述べます。

「この瞬間から、すべての生命とのすべての関係がお互いのためになるように私が働けるよう求めます！　それがいま真実として現れるようにお願いします！」

●深呼吸をしながらこの考え方についてさらに黙考します。

●「そうです、そうです、そうです」と3回繰り返して終了し、プログラムしたものを普遍のフィールドに固定します。

●準備ができたら、ゆっくりと目を開けましょう。

健康で調和のとれた心とマインドの兆候

●お互いのためになるエネルギー・フィールドを達成すれば、自己責任、自己育成、そして私たちのすべての行動をよりよいリズムに呼び込み、全体、私たち自身、そして私たちが創造しているものに健康をもたらすことができます。

●私たちは、日常のライフスタイルの選択を通じてこれをおこないます。

●健康な心とは、すべての人の福祉を大切にする人格です。

●健康な心は、恩寵の流れに支えられて、自由にそして容易に愛を与え、受け入れます。

●健康なマインドとは、すべての人にとって最良の解決策を受け入れられるマインドで、それは三方の勝利のコードを使用することで到達できます。その達成に向けて、次のように感情を込めて述べるのもよいでしょう。

「個人と世界の衝突のすべての領域での完璧な解決策を求めます。私にとっての勝利、他人にとっての勝利、そしてこの世界にとっても勝利をもたらす決議です！

完璧な解決に関わる全員の心とマインドにダウンロードしてください。三方の勝利をいますぐ！

そして、これにオープンな人は皆、この恩寵を受け取れますように！」

美徳のパワー

美徳のパワーについて、詳しく見ていきましょう。

推奨する8つのライフスタイル・ポイントで快適に生きることはできますが、私たちの心の純粋さのおかげで楽しむことができる健康、幸福、調和のレベルや、それが思いやり、共感、謙虚さ、忍耐の波動域に加えて、人間の心が受け入れられるほかのすべての美徳を持っているかどうかを決定するのは、私たちのハートのエネルギーです。これらの美徳の多くは、私たちが別の時代に獲得したもので、いまそれが休眠中の人もいれば支配欲にとらわれたままの人もいます。

今日の人生は私たち一人ひとりに、いわば進行中の仕事を教え続けています。

私たちが人生で経験しかねない苦しみをすばやく終わらせる方法は、私たちが耐えるすべての苦しみが最終的には私たちに貴重な洞察とそれに伴う美徳の恵み、そしてより多くの忍耐または寛容をもたらす、ということを知ることです。

ですから、どんな困難な状況でもそこから現実にあなたが学ぶべきことを見て、この人生の課題に関する学習がもたらす美徳の恵みを得られるように願ってください。学ぶべきことを学ばなければ、私たちがしっかり学ぶまで、困難な生活のパターンが繰り返されることを認識しましょう。

次の短いエクササイズでは、自分の本質から明確で直感的なガイダンスを得て、内なる関係と外界との関係をただちに変える方法について簡単に説明します。

私はかつて、感謝の気持ちに完全に集中して1年を過ごしたところ、すでに幸せであったにもかかわらず幸福度が2倍になりました。また、私のすべての人間関係も改善しました。

私の本質が私に与えてくれたエクササイズは、すべての判断を手放し、私の人生で起こってきたすべてのことにただ感謝することでした。

自分自身や他人への思いやりがなければ、または十分な謙虚さがなければ、特定のより高次の経験は私たちに隠されたままになります。波動がマッチしないとアクセスできないからです。

エクササイズ――美徳のパワー

このセッションを修了する前に、次の実践的なエクササイズをしましょう。

●深呼吸をしてリラックスしてから、美徳を表す言葉を直感的に思い浮かべてください。

この言葉があなたの奥深くから直感的に明らかにされるように注意してください。

直感的なエクササイズなので、私たちがこれを求めている理由を、あなたの通常の思考力や分析力を使って言葉にしないようにしましょう。

●オープンになり、じっとしていてください。あなたの頭に浮かぶ、美徳を表す言葉は何ですか？

●次に、あなたが受け取ったその言葉を熟考し、その美徳があなたの人生にとって何を意味するかについて瞑想する時間をとりましょう。

●あなたが美徳の表現として直感的に思いついた言葉――それは、あなたの本質があなたの人生でもっと注目するようにあなたを導いている美徳です。より深い経験によりこの美徳を受け入れることが、実際にはあなたの本質があなたと分かち合うべきより多くの恵みを経験するための個人的な鍵となります。

●では、第1週で紹介した呼吸のテストを利用して、本質がその美徳にどれだけ注目してほしがっているかを確認しましょう。1週間、1カ月、1年？

●左記がそのためのコードです。

「私はいま、私という本質と真につながった状態を保つために必要なすべての美徳を喜んで具現化するように求めます。

そうした美徳が私にとって完璧な方法と時間で喜びと安らぎと恩寵を伴って得られますように！
そうなりますように、そうなりますように、そうなりますように！」

私たちの本質に求めれば、内なる天の王国への入り口へのアクセスがスピードアップできるのです。この美徳を私たちにとって不可欠な部分にするためには、すべては独自の展開とタイミングで実現するものであり、美徳の獲得に必要な体験がどんなことであれ、完全に生き抜く必要があることを忘れないようにしましょう。

今週の言葉――「物の見方次第」ジョン&リン・セントクレア

「否定的な態度に凝り固まった人をあなたが攻撃すれば、その人のエネルギーに力を与え、燃え上がらせるだけです。どんな紛争でも前向きに取り組むことが常に最善です。その事態にあなたが真の愛あるいは少なくとも親切な想いを送れば、それはあなたの目の前で変わるでしょう」

今週のエクササイズ

すべてに神、すべてに善を見るように自分を訓練します。それがあなたにとって真実となり、より限定された表面的な外観の第一印象を超えることができるまで、最低1週間はこのエクササイズに完全に集中してください。

- このエクササイズでは、鏡の前に立てば常に目を通してあなたの本質がどのように輝いているかがわかるようになるまで、まず自分自身をどんどん深く見ていきます。あなたの本質の目を通して、存在と自分の人生が見られるように求めます。次に、出会うすべての人の目に本質の輝く光を見出すようにします。
- 家族、友人、さらにはビジネスパートナーや会社の同僚全員の本質とあなたの本質がつながるように求め、この瞬間から、そうした人々とのすべての分かち合いがすべての最善のためであり、常にお互いにとって有益であるという意図を持ちます。
- この瞬間からあなたは自分の人生を生き、喜び、安らぎ、そして恩寵との流れのなかですべてを学ぶことを、自分自身に約束します。

子供たちとの調和

生まれてくる新しい子供たちと調和して生きる

新たな世代の子供たちについて心配しているご両親や祖父母の方々のために、子供たちに関する情報を追記しておきます。

教育はホリスティックでなければなりません。人間としての体験をするスピリチュアルな存在として、すべての問題に対処しなければなりません。健康で幸せな大人は健康で幸せな子供を生む傾向にあることは、誰もが知っています。

したがって、これを受け入れるすべての教育機関で**快適なライフスタイル・プログラム**が提供され、親や祖父母が生まれてくる子供についてもっと理解し、その多くがすでにテンプレートを完全にアクティブにしていることを望んでいます。

より包括的な教育プログラム

より包括的な教育を実践するためのアドバイスは次のとおりです。

●子供たちは、ベジタリアン食が個人的および長期的な環境、地球に恩恵を及ぼすという教育を受けるべきです。

●すべての子供たちが、競技としてではなくただ楽しむためにダンス、ヨガ、水泳、ストレッチ、陸上種目などに、日常的に、できれば毎日参加することを奨励します。

●必要が生じた場合に自分の体を自己治癒できるよう、すべての子供たちに創造的なビジュアライゼーションのテクニックを教えましょう。

●すべての子供たちに毎日、日常的に愛情と慈しみを与え、自己愛の価値を教えましょう。

●すべての子供たちに、病気の発生と心と体のつながりのパワーの関係についての教育を与えましょう。

●すべての子供たちが、沈黙して神（または彼らや彼らの両親が創造の背後にある力であると理解している、より高次のパワー）と話す時間を毎日持つことを奨励します。

●すべての子供たちが、自分のハートが歌い出すような方法で創造性を表現できるようになることを奨励します。

●すべての子供たちが、生活のなかでテレビ以外のほかの娯楽を見出すことを奨励します。テレビ視聴は、心の発達にプラスの影響を与える番組のみに限りましょう。

●すべての子供たちが、常に神聖な輝きを放つ神殿として自分の存在全体を畏敬するようになることを奨励します。

より包括的な教育プログラム——平和の使節として

平和の使節として、次のこともおすすめします。

●すべての人に対して、親になる資格が得られるように、特定の子育てトレーニングを自主的に受けることを奨励します。私たちは皆、運転免許証を得るために訓練し、またキャリアのために教育機関に通っています。多くの人が、親子関係は地球上で最も重要なキャリアのひとつであると考えています。

「親のトレーニング」と右記のアドバイス、およびホリスティック教育がすべての学校のカリキュラムにも反映されることを望みます。

●ホリスティック教育は家庭ではじまり、学校で継続され、社会のライフスタイルとして奨励されなければなりません。私たちの誰もが全体の一部であり、全体に影響を及ぼし、影響を受けるという事実に対して責任を持つのが早ければ早いほど、世界の健康と世界の飢餓の課題に対処するための建設的なシステムを協同して創造できます。

●私たちが観察するだけで全体が影響を受ける可能性があるというのは、今日の量子物理学の中核です。

インディゴ・チルドレン

私の末娘は1978年にインディゴ・チルドレンとして生まれました。この件に関しては以前にも書いてきましたが、より多くのデータを望んでいる人のために、インディゴ・チルドレンの特徴と彼らをサポートする方法についての詳細をここでご紹介しておきます。

左記は、RiseEarth のウェブサイトからの情報です。

書籍『Understanding Your Life Through Color（カラーを通じてあなたの人生を理解する）』の著者であるナンシー・アン・タッペは、オーラ・フィールドを研究し、インディゴ・カラー（藍色）のオーラに「インディゴ」というラベルをつけました。

オーラは人体が持つ電磁エネルギー・フィールドで、インディゴ（藍色）は平和と真実への情熱を持った非常に知的で直感的なマスター・コミュニケーターの特徴を示唆しています。

インディゴ・チルドレンは、ハートとマインドのバランスがとれています。

医師はインディゴ・チルドレンなどいないと言いがちで、多くのインディゴ・チルドレンはADD（Attention deficit disorder：注意欠陥障害）やADHD（Attention deficit disorder with and without hyperactivity：注意欠如・多動性障害）と誤診されています。医学的診断の社会的圧力に耐えることは、今日のインディゴ・チルドレンが抱える課題のひとつに過ぎません。

インディゴの特徴

インディゴ（インディゴ・チルドレン）に関する典型的な12の特徴をご紹介します。

①ほとんどのインディゴは1978年以降に生まれましたが、それ以前に生まれた人もいます。
②インディゴは非常に直感的です。彼らは自分にとって何が正しいかを感じ取ることができ、正しくないと感じたことには彼らの生体システムが反応し、混乱を招きます。
③こうした子供たちは食べ物に敏感で、選り好みが強いかもしれません。
④インディゴには想像の友達がいることもあり、またスピリット――「死んだ」人々やガイド、天使、あるいは地球外生命体が見えることもあります。
⑤インディゴは非常に共感的です。彼らは他人の感情に敏感で、時には他人の感情のエネルギーを取り込みます。彼らはほとんどの場合、考えるよりも感じるタイプです。
⑥こうした子供たちは、生まれつき厳格な規則やガイドラインを時代遅れとみなし、抵抗します。彼らは意識のシフトに必要なエネルギーをもたらすためにいまここにいるので、厳密な左脳の思考とコントロールには適合しません。彼らは生来の「知識」を持っており、不実に抵抗します。
⑦一部のインディゴにはテレパシー能力があり、他の次元でスピリットと話すことができます。
⑧こうした子供たちの波動は調和の振動なので、高密度な今日の世界を快適と感じることはありません。

⑨彼らは反社会的である傾向にあり、ひとりで、またはファンタジー遊びで時間を過ごすことを好みます。
⑩インディゴは時間軸によらず、より高い知性の反映として、ホログラフィックに物事を考えます。彼らはハイヤー・セルフに「プラグイン」されており、これをとても自然に表現しています。
⑪こうした子供たちはまた、植物や動物、クリスタルに魅了され、簡単に絆を結びます。
⑫インディゴ・チルドレンも退屈しやすく、時にはそわそわしたり興奮し過ぎたりします。

インディゴ・チルドレンをサポートする方法

●奇行のように見える彼らの言動をゆるしましょう。
●無条件の愛と理解の気持ちを込めて、彼らの目を深く見つめましょう。テレパシーで「ありがとう」と言い、すべてが大丈夫だと伝えます。
●ほかのインディゴ・チルドレンや精神的に才能のある子供たちを、彼らに紹介しましょう。それが不可能な場合は、形而上学的およびスピリチュアルな環境を提供し、絵画、音楽、ダンスや執筆などでクリエイティビティを発揮させましょう。

●過去の人生の思い出や夢の解釈を、普通の会話であるかのように話し合うようにしましょう。

●リタリンその他のADDまたはADHDの処方薬は避けましょう。これらの薬は、そもそも地球でおこなうべきことを表現したり実行したりすることを妨げます。薬を使って彼らを愚鈍にし、静かにさせるのではなく、より建設的な方法で彼らの高エネルギーを活かすことを学びましょう。

●生きたオーガニック食品を与え、水中のフッ化物などの過酷な化学物質にさらさないようにしましょう。多くの子供たちは、食品や水道水中の農薬に含まれる化学物質へのアレルギーがあります。

●粗暴な人々や攻撃的な人から子供を守り、愛情のある関係を育みましょう。インディゴ・チルドレン自身が、自分にとって役に立つことと役に立たないことを示してくれます。あなたの子供と特別な、魔法の時間を過ごすことができる人々に注意を払い、そうした時間が持てるようにできるだけ奨励してください。

●テレビは番組のペースが速く粗暴なため、なるべくテレビを消しておきましょう。動物や自然についての番組は、高ストレスの状況で彼らを落ち着かせる役に立ちます。

●泣いたり笑ったりすることで感情を転換させましょう。インディゴ・チルドレンは、一見理由もなく突然に泣くことがあります。子供が理解できる年齢になったら、他人のエネルギーがオーラ・フィールドに入らないように光のバブルで身を守ることを教えてください。そうすることで、過度に敏感にならないようにできます。

●新たな子育てと学校教育の方法を取り入れましょう。可能であれば、過度に敏感で超能力がある子供たちはホーム・スクーリング（学校に通わず家庭で学習する教育方法）すべきです。こうした子供たちは、そこにいたくないという表現として学校で反抗的な行動をすることもよくあります。ホーム・スクーリングが選択できない場合には、親と教師の関係構築に積極的に取り組み、国が定めた時代遅れの規律の基準には従わないようにしましょう。

覚えておいてください。インディゴ・チルドレンは、現世に生まれる前に自分の両親を選びました。そして、彼らの親となった人も、非常に高密度でいずれ大きな変革を迎える時代の地球に彼らが必要なエネルギーをもたらすことを認識して、この時点で彼らをサポートすることに合意したのです。

しかし、子供がインディゴ・チルドレンの特徴や資質を持っているからといって、ほかの子供や親より優遇する必要があるわけではありません。ほとんどの子供はインディゴ・チルドレンの環境からも恩恵を受けますが、インディゴ・チルドレンにはほとんどの子供とは異なる環境へのニーズがあり、彼らには形而上学的、またはスピリチュアルな能力がある、ということに過ぎません。

ラベルづけするだけでも分離が生じる、と言って終わりたいところですが、子供が家や学校に馴染みにくいことに気づいた場合は、こうした子供とつながるほかの方法があることにもご注意ください。

多くの新しい魂がやって来ており、彼らは異なるDNAパターンと異なる光の体のコーディングを持っているといわれています。彼らは自分が誰であるか、そして自分が広大な多次元の存在であることを完全に認識しており、愛、共感、思いやりの波動に共鳴します。

彼らはちょっと変わっています。食品への関心も異なる場合があります。彼らの多くが、固形食品よりも液体を摂取することを好むのです。こうした存在の多くは、私たちがプラーナから栄養を受けていると呼ぶ存在で、彼らは自分たちの栄養摂取方法が異なることを認識しています。

すでに述べたように、こうした存在にとってはテレパシーも普通で、彼らはあなたが放射するエネルギーにとても敏感です。

彼らは愛と寛容の輝く原則、言いかえれば錨になるために非常にストレスの多い環境に身を置きがちで、そのためにエネルギーを求めます。

あなたの子供や孫のことは、最終的にはもちろんあなた自身の判断にお任せします。座って熟考・瞑想して、こうした子供とつながる完璧な方法を求めてください。

彼らとの関係に、すでに提供したダウ・マッチ・テクニックをご活用ください。

THE LUSCIOUS LIFESTYLES PROGRAM
EMBASSY OF PEACE
...A lifestyle Program for Health,Happiness & Harmony...

第 3 週

修得——瞑想とパワー・コード

第3週　修得について

瞑想の魔法として、パワフルな愛の呼吸の瞑想と3つのマントラのパワー・コードを紹介します。
――瞑想は、8つのライフスタイル・ポイントのパート1。

今週は、詩による洞察からはじめましょう。

瞑想についてのポエム

瞑想は、完全で明るい道を提供します。
洞察に満ちたマインド、鋭い洞察。
それは、私たちがよく知っているリズムで踊るように呼びかけます。
それは、私たちが故郷と呼ぶその道を明らかにしてくれます。
瞑想は、星をはるかに超えた先に私たちを連れていってくれます。

より高い次元へ、近くの、遠くの領域へ。

瞑想は、平和の道を見つけることを可能にします。
音のない声で呼びかけ、手招きします。
そのリズムが明らかにする、私たちの心のなかの愛。
その愛が創造の基盤となり、すべての世界を創出します。

瞑想は、健康と諦観《ていかん》の恵みをもたらします。
ステップアップして成長するための存在の方法。
最も輝く星よりも、再び明るく輝くために、
私たちが自分の本質と融合して結ばれる時。

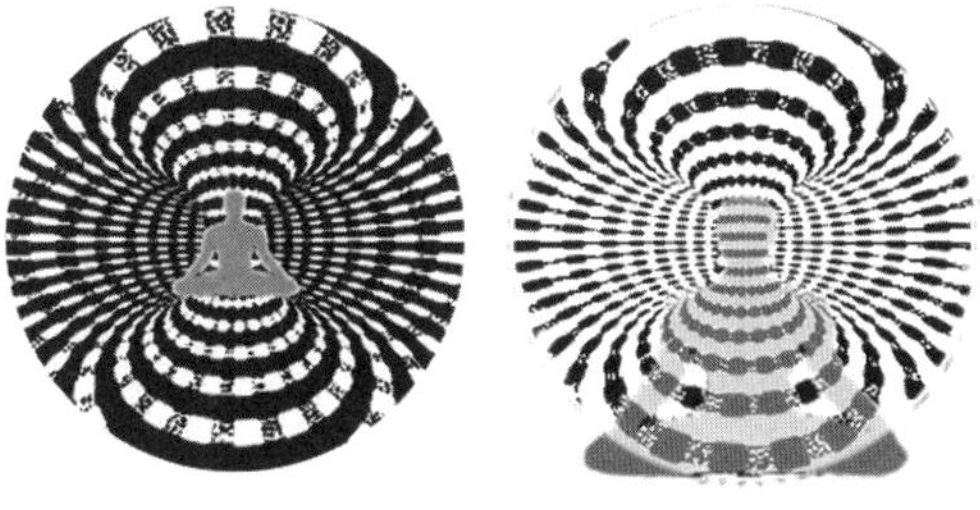

瞑想について――8つのライフスタイル・ポイント、パート1

瞑想によって、すでに純粋で完璧な自身の本質との一体化、自己認識と自己修得が達成できます。

エゴがベースになった人格と一体化し過ぎると、二元性の領域、暗闇と光の制限的なパラダイム（固定概念）、そして愛と恐怖のゲームに閉じ込められてしまうことを、私たちは平和の使節として発見しました。

したがって第3週では、瞑想の利点に加えて、その目的と結果についてご説明します。また、目覚めた私たち自身の本質が人生にもたらすパワーと、パワフルな3つのマントラ瞑想についてご紹介します。

瞑想とは

瞑想とは、純粋で完璧な一点に完全に集中することだといわれています。

人は多くの理由で瞑想に引き寄せられます。深い内なる平和の状態を楽しみ、常に私たちのなかに流れる最も深い愛の流れを浴び、明快さ、より高いビジョンと直感的な洞察が得られます。その結果、肉体的、感情的、精神的、スピリチュアルな面でより健康になり、目に見えないインナーネットの領域を理解し、体験できます。また、次元間の領域を移動する愛情のある知性の流れとつながるために瞑想することもできます。

愛と知恵の無限のフィールド、創造をサポートするマトリックス（基盤構造）からデータをダウンロードするために瞑想する人もいます。

一部の人々は、私たちに生命を与えてくれる神聖な本質に耳を傾け、感じるために瞑想します。マルチバース（多元宇宙）と次元間の領域で創造のマトリックスを探求して理解するために瞑想する人もいれば、二元性のより制限された次元から自分自身を解放するために瞑想する人もいます。

瞑想を通じて私たちは自分の生体コンピュータを再プログラミングし、脳の神経経路を配線し直すことができます。私たちの生体コンピュータは、私たちの物理的、感情的、精神的、そしてエーテルのエネルギー・システムです。至福やサマーディ（精神集中を成し遂げた状態）を体験するために瞑想するのが好きな人もいれば、思考の領域を超えて瞑想するのが好きな人、仲介役を利用して内外のエネルギー・フィールドを調和させる人もいます。

瞑想によって私たちは自分の脳波パターンを変えることができ、それにより健康で幸せになれます。瞑想を習慣にすれば、物事を達観し反応せず行動できるようになります。瞑想は多くのレベルで私たちに栄養を与え、テレパシー能力を向上させるためにも使用できます。

焦点を絞った個人およびグループの瞑想により、内面と外面の永続的な平和など、多くの前向きな物事を達成できます。

すでに述べましたが、要約すると、瞑想は平安な心をつくり体のストレスを解消することから、私たちに集中力と精神の修養をもたらします。また、癒しのレーザー光線ともいえる紫色の光を瞑想中にイメージすることで、がんなどの病気により傷んだ内臓や細胞を変容させるなど、多くのことがらに利用できます。さらに、より洗練された存在の癒しの次元を探求し、反発せずに行動できるような達観をもたらし、愛情のある心と体のつながりをつくり、すでに亡くなっていまは別の次元にいる愛する人とのつながりを確立します。肉体的、感情的、精神的、スピリチュアルなレベルで私たちを養う、より高次でより純粋なプラーナの形の栄養にアクセスすることもできます。

予防医学ツールとしての瞑想

瞑想は、私たちが感情的な反発をせずに行動するために必要な「達観」を可能にしてくれます。これにより、私たちは「他人に翻弄されている」とは感じなくなります。感情体と細胞の記憶に保持されている古いネガティブなパターンから自分を開放するためのパワフルなツールになるのです。

私たち自身の幸福にしっかりと確実に責任を持ち、問題の責任者を容易に特定できるようになります。

感情体や精神体を修得するには規律が必要です。

何年もの思考の末、私たちは自分の考えやその後の感情に無力になっています。それは社会に教えられたとおりの態度をとってきたからですが、これからは自分の思考を自分で習慣づけられるのだと気づき、学べます。

「私たちが口笛を吹いただけでは、生まれてから平原を歩き回っていた野生の馬（規律のない人の心のたとえ）が囲いに入ることは期待できない」という、インドのグルの言葉もあります。

テレビ放送は、結果がすぐ出るという期待を生み出しました。その結果、多くの人にとって内なる沈黙と規律とマインドの静止に時間を費やすことは非常に困難になっています。

テレビのメロドラマは犠牲者のメンタリティを強調し、ゲーム番組は貪欲さを増大させ、ニュース番組は恐怖と否定性を増大させます。否定的なパワフルな感情が、私たちの日常生活のなかでサブリミナルに増大されているのです。

ただし、テレビはパワフルな通信デバイスでもあり、観る番組を選べば役に立つこともあり、コントロールもできます。

私たちには知覚、思考、現実、感情的な自分の経験を選択する力がありますが、最も重要なのは、瞑想によって、純粋な本質の特質を聞き、体験することを学べる静止の状態に身を置くことです。

一般的な瞑想のテクニックには、呼吸、光、私たちの想像力、創造的なビジュアライゼーション・テクニック、トーニング、ある種の聖なるサウンドの利用などがあります。

私たちの呼吸

呼吸は、私たちの生体システムの供給と微調整のために私たちが持っている最も強力なツールのひとつです。呼吸にはお金もかかりませんし、さまざまな呼吸法を利用して呼吸をコントロールすることで、生体システムを落ち着かせ、ストレスも解消できます。さらには、バイロケーション技術や幽体離脱を介して他の領域を移動するための高度な瞑想、あるいは、より健康的で調和のとれた状態になるように私たちのエネルギー・フィールドを微調整するための呼吸法もあります。

呼吸法には多くのテクニックがありますが、私は次の瞑想をおすすめします。

愛の呼吸の瞑想

あなたの生体システムを愛で溢れさせるほど、人生の質が向上することを知り、信頼しましょう。

毎日2回、朝と夕方に少なくとも5~10分間、または自分のすべてが愛であり、すべてがこの愛から来ていると感じられるまで、ステップ1からステップ4をおこないます。できる限りこの瞑想を毎日忘れずに実行して、1カ月ほどであなたがどのように感じるかを見てみましょう。

ステップ1

●聖母のハートから、または最も純粋な愛の源からの純粋な愛のビームで至上の領域につながり、それがあなたのハート・チャクラに流れ込んでいると想像しましょう。

ステップ2

●この愛を深く吸い込み、「私は愛です」と唱えます。ゆっくりと呼吸しながら、このマントラを誠実に何度も唱え続けます。呼吸とともに絶え間ない愛が、至上の領域からハートの中心を通って流れ込んでいることに気づきましょう。

ステップ3

●この愛をゆっくりと体内に広げ、その愛がすべての細胞を満たし、オーラ・フィールドから外の世界へ流れ出るのを想像しながら、誠意を持って何度も「私は愛」と唱えましょう。

ステップ4

●「私は愛です。私は愛。すべては愛です」というマントラを追加します。息を吸ったり吐いたりするリズムで繰り返し何度も唱えます。

●次に、ゆっくりと息を吸うたびに「私は」と唱え、ゆっくりと息を吐くたびに「愛」と唱え、この意図的なマントラの変化をどのように感じるか、違いを感じます。

●しばらく沈黙してこれを練習しましょう。

●また、確固たる愛の感情で満たされるまで「私はあなたを愛しています。私はあなたを愛しています。私はあなたを愛しています。私はあなたを愛しています」と、あなたの体に語りかけましょう。

●ゆっくりと深呼吸します。あなたが想像できる至上の領域からあなたのハート・チャクラを通って純粋な愛が流れ込んでいること、最も純粋な愛を感知しましょう。

●そして、ゆっくりと息を吸うたびに「私は」と唱えます。
さらに、ゆっくりと息を吐くたびに「愛」と唱えます。

●ゆっくりと息を吸うたびに「私は愛です」と唱えます。
ゆっくりと息を吐くたびに「私は愛」または「すべてが愛」と唱えます。

あなたの生体システムがどのように反応するかを感じながら、こうしたチャントを試しましょう。

このエクササイズは、この世界で愛を引き寄せ、維持し、放射する能力を強化し、純粋で神聖な愛を受け入れられるように、あなたの細胞と原子をオープンにします。また、脳波のパターンをベータ波やアルファ波から、より癒しが得られやすいシータ波、デルタ波のパターンに変えます。これは、誰かのそばで不快感をおぼえたり、その人に対して批判的であると感じた場合に使用したり、もっと思いやりを感じたい場合などに使用できる優れたテクニックです。

また、マスクやペルソナ（仮面）を剥がした時に、私たちが誰で、何であるかを思い出させてくれるよいテクニックです。

これは間違いなく「試してみて違いを体験する」ツールであり、ある程度の集中力と規律が必要です。**「私は愛しています。私は愛しています」**というマントラを使用するこうした基本的な呼吸法は、インドのヨギが「猿頭」と呼ぶ、せわしない普段の意識を静止して集中できるよう調教する素晴らしい方法でもあります。

多くの人は、仕事や買い物などのことを考えずに2分以上呼吸に意識を集中させることはできませんが、より多次元の別のチャンネルを見つけてアクセスするには、精神の修養が絶対に必要です。静止のテクニックの訓練を受けていない特に西洋人のマインドにとっては、自分の内外の平和を達成するための前提条件として、このタイプの訓練が必要です。

ストレスのない生体システムを維持することは、私たちの癒しの旅路や健康と調和の維持にとって不可欠です。

質疑応答の時間（20～30分程度）

このプログラムをグループでおこなっている場合は、プログラムを続行する前に、このプログラムがどのように展開されるかについての不明点や、発言したい人からのフィードバックを得る時間をとりましょう。

時間が限られている人もいるかもしれないので、あまり長く続かないようにします。

最後の瞑想――3つのマントラ

3つのマントラまたはプログラミング・コードを使う簡単な瞑想で締めくくりましょう。こうしたマントラにより、私たち自身の純粋で完璧な本質の特質にすばやく同調でき、定期的にこれにフォーカスすることで、さらにパワフルに本質を目覚めさせられます。

3つのマントラは次のとおりです。

「私は愛です……」

「私は永遠です……」

「私は無限です……」

あなたが瞑想の平和なリズムでいる時に、または自分が本当は誰であるかについて思い出す必要がある時はいつでも、誠意を持って右のマントラを何度も唱えましょう。

この意図的な呼吸のリズムとチャントが、細胞の構造と本質のエネルギーをよりパワフルに同調させます。

3つのマントラを利用した簡単な瞑想

●数分かけて呼吸のリズムをゆっくりにします。

「私は」とゆっくり唱えて息を吸い、「愛です」と唱えて息を吐きます。

●自分の原子を通して最も高い次元から純粋な本質のエネルギーを自分に引き寄せていることを想像してみてください。

●この純粋な本質のエネルギーを吐息と一緒に吐きながら、すべての細胞が栄養のある流れで満たされていく様子を想像しましょう。

●このゆっくりと洗練された深呼吸のリズムを保ち、純粋な愛情の本質のエネルギーをあなたに引き寄せる意図を持って、「私は愛です」というマントラをゆっくりと唱え続け、あなたの体がどのように反応しているかを感じましょう。

●このゆっくりとした呼吸のリズムと、原子を通して最高の次元から純粋な本質のエネルギーを引き寄せているという意図を保ちます。

●次に、この純粋な本質のエネルギーを吸い込み、息を吐きながら栄養のある流れですべての細胞を満たすよう想像しながら、「私は永遠です」と唱えます。

●「私は」とゆっくり唱えて息を吸い、「永遠です」と唱えて息を吐きます。

●「私は永遠です」
しばらくの間これに集中し、再びあなたの生体システムがどのように応答しているかに注目します。

●次に、チャントを「私は無限です」に変えます。

●あなたの周りにあり、はじまりも終わりもないこの無限のエネルギーを感じるために感覚をオープンにしましょう。

●呼吸のリズムをゆっくりと洗練させ、さらに深く保ちながら、こうしたマントラを試してみて、あなたの生体システムがそれぞれにどのように異なる反応を示すかを感じましょう。

ゆっくりと穏やかな深呼吸にマインドを集中させて、リラックスしながら瞑想を続け、心のこもった音楽でこのワークを終えましょう。

今週のエクササイズ

愛の呼吸の瞑想を毎朝5分間練習しましょう。

●あなたが静止した時間に、創造をサポートする最も純粋な愛の流れの最も深いチャンネルを体験できるよう、純粋な本質の特質に求めましょう。この明確な意図と愛の呼吸の瞑想を組み合わせることで、この可能性のフィールドがさらにオープンになります。

●あなた自身の純粋な本質が表現していると感じる特質と、それが表現できるものについて瞑想します。本質であることに集中すればするほど、本質と同調できます。

●このプログラムで起こる変化や、あなたの人生における愛、健康、富に関してあなたが望むことを評価して、日記に書き続けましょう。

●瞑想と熟考と沈黙の時間を通して得られた明晰さを覚えておいてください。それは、知的な量子フィールドが明晰さであなたに反応する助けになります。

より深く長い瞑想は、私の iTunes チャンネル（http：//www.itunes.com/jasmuheen）で体験できますが、本書で紹介したシンプルな愛の呼吸の瞑想のパワーも過小評価しないでください。

ここで、iTunes に記録した内容に従って、愛の呼吸の瞑想の全文をご紹介しておきましょう。これらのテクニックの両方をより深く、より長い瞑想に組み合わせた最初の瞑想も含みます。

愛の呼吸の瞑想

内なる次元で一緒に働く愛と光の存在から受けた私のお気に入りの瞑想のひとつは、さまざまな目的やレベルで使用できる愛の呼吸の瞑想だと思います。

グループの全員が座って、より高次元でこの内なる純粋な愛のパワーを引き寄せ、それが自分の存在の原子を通り抜けることを可能にし、息を吐くたびにこの純粋な波動をそれぞれが自分の生体システムに溢れさせれば、実際にグループのエネルギーは統一された脈動になります。それは過去の条件づけ、文化的影響、異なる教育制度、現実を取り除けば、私たち全員に共通する脈動で、そこでは私たちのすべてが、この純粋で完璧な愛の脈動の本質でいることがわかります。

次に、この脈動について瞑想し、特定のマントラによって私たちのなかで目覚めるように命令すれば、グループ全体の波動の脈動が部屋中で共通のリズム、実際には私たち自身の本質にある統一的で調和のとれたリズムになりやすいのです。

私たちが愛の呼吸の瞑想でよく使うマントラは次のとおりです。

「私は愛です」

「私は無限です」

「私は永遠です」

「私は」と唱えて息を吸い、「愛です」、「無限です」、「永遠です」、と唱えて息を吐くことをおすすめします。

こうしたマントラはまた、瞑想中の個人やグループを自分自身が持つ愛の本質のベースラインの波動に同調させます。その愛とは純粋で無限、そして永遠で、「キリスト性」と一部の人々に呼ばれているものですが、それはキリストという言葉が単に宇宙の愛の純粋な流れを意味するからです。

愛の呼吸の瞑想をグループで続ければ、全員を共通のベースラインの波動に同調させることができるので、高次の深い瞑想をする前の準備にもなります。また、私たちの神聖で純粋な本質からの純粋な栄養をもたらす方法でもあります。

この愛の脈動が私たちにすべてのビタミン、ミネラル、栄養、そして私たちが供給する必要のあるすべてのものをもたらすという意図を持てば、この意図による指示によって、それらも提供できます。

つまり、私たちの内なる神聖なパワー、気、プラーナの脈動を増強する方法ともいえるのです。

もちろん、より高い領域、より純粋な波動の高次元に存在する、純粋で完璧な次元に上昇した私たちの一部分も、内なる次元の扉を通じて肉体のシステムに流入し、身体システムをもとの神聖なDNAの青写真に還元してくれます。その結果、肉体として感じる飢餓だけでなく、私たちの感情的、精神的、スピリチュアルな飢餓も取り除くことができます。

この愛の脈動には、そうしたパワーと叡智があるからです。

この純粋な愛の純粋な脈動が、実際には創造の本来のパワーであると認める必要があることを忘れないでください。愛の脈動は聖母の子宮から流れ出る愛の波であり、無限の暗闇である子宮から、創造に重要なすべての暗号を含む愛の波である光線が来て、創造を実現します。

これがこの瞑想によってもたらされる現実であり、私たちは愛の呼吸を通してつながれます。すべてに存在をもたらした最も純粋な愛の脈動はとても純粋で完璧であり、それが人のなかで目覚め、流れれば、誰でも飢餓から解放されます。

ですから、繰り返しになりますが、私たちのすべての瞑想と同様に、快適に座れ、邪魔されない場所を見つけて、私たちの内なるこの純粋な栄養のある愛のリズムを体験しましょう。

ステップ①

●呼吸のリズムをゆっくりさせることからはじめましょう。私たちの内なる微細な領域につながるには、呼吸を洗練させ、とてもゆっくりと微細にする必要があります。

●通常、私たちは1分間に5～6回呼吸していますが、ゆっくりと2～3回呼吸するようにして、とても穏やかで洗練されたリズムにします。仮に鼻の前にろうそくの炎があったとしても、ゆっくりと鼻から息を吸ったり吐いたりするので炎はちらつかない、と想像してみましょう。

●3回のとても細やかで穏やかな接続深呼吸をおこなうだけで、この微細な呼吸のリズムでリラックスできます。

●科学によれば、各原子は内なる宇宙への扉ですから、体内の各原子に実際に鼻があり呼吸できると想像してみましょう。

●深く、そっと、ゆっくりと息を吸い込むたびに、私たちの存在の原子を通して神聖な愛の最も純粋な波動、いまあなたの生体システムに必要な栄養の完璧な脈動を引き寄せていると想像しましょう。

●あなたの体が巨大な海綿のようであると想像して、とてもゆっくりと息を飲み、吸い込むたびに、あなたの内外のより高次元からあなた自身の神聖な本質の最も純粋な波動を引き寄せていると想像します。

●その脈動を純粋な愛、あなたの存在のすべてのレベルであなたに栄養を与えることができる愛と想像してください。ゆっくりと洗練された息を吸うたびに、そう意図します。

●そして、ゆっくりと息を吐きながら、この純粋で栄養を与えてくれる内なる愛の脈動が細胞構造と身体システムに溢れる様子を想像しましょう。

●ゆっくりと穏やかに、洗練された、終わりのない、無限の、内なるパワフルな栄養源を飲み込みます。

●そして、息を吐きながら、ゆっくりとそれをあなたの身体システムを通して溢れさせてあなたに栄養を与え、この神聖で純粋な本質の波動で細胞構造を満たします。

それがあなたの肌の毛穴を通ってあなたの周りの空間に流れ出て、ほかの人にも栄養を与える様子を想像しましょう。

●ゆっくりと深く息を吸い込み、息を吐きながら体内を穏やかに流し、肉体的、感情的、精神的、スピリチュアルにも栄養を与えます。

●あなたのマインドはあなたの上司ではなく、あなたのしもべであることを忘れないでください。それがさまよう場合は、あなたの存在の原子を通して、あなた自身の次元上昇した資質の純粋で完璧な部分を飲み込めるように、このリラックスした穏やかな呼吸リズムに戻りましょう。

●そして、息を吐きながら、身体システムの細胞の構造をこの本質で溢れさせ、今日この世界にいるあなたをもはやサポートしなくなったエネルギーを細胞内で溶解させましょう。

●呼吸のリズムをさらに遅くして、さらに微細にして、あなたに息を吹き込んでいる純粋で完璧なフォースのリズムにマッチさせて、あなたに生命を与えるのに十分なほどあなたを愛します。

●次元は多次元内に存在し、微細な領域は微細な領域内に存在するので、そのリズムがあなたに適している時がわかり、純粋な愛の微細な脈動を感じることができるまで、呼吸のリズムを調整し続けましょう。すべての空腹を取り除き、あなたの最も深いコアであなたを養う、最も純粋な愛の脈動の目覚めを感じられるでしょう。

ステップ②

●あなたのなかで脈打つ愛の海を想像してみましょう。あなたが息を吸うことで、より高い次元から、あなたの原子を通してこの愛を肉体の構造に引き込みます。

●そして、それがあなたの身体システム、細胞を通って、あなたの周りの世界に流れ込むようにします。

●息を吸い込む時に、この純粋な本質を「私は」というシンプルでゆっくりとしたマントラで主張します。

●そして、息を吐く時に、この純粋な無限で永遠の源が細胞の構造を通り抜けてあなたを変革し、再調整し、栄養を与えてくれると想像しながら、「愛」と唱えます。

「私は……愛です」

●「私は愛です」のマントラで細胞の構造をマトリックス内の愛の最も純粋な領域に同調させ、あなたの内なる、そして外界へのエネルギーの扉を開きましょう。

●この愛がいかに賢明で無限であるか、それがどのように永遠であるか、それが私たちの不滅の性質であるかを感じましょう。

●「私は」と唱え、ゆっくりと息を吸いながらこの純粋で神聖な本質を吸い込みます。そして、それが身体システムに溢れたら、「無限」と唱えて、息を吐きます。

●すべてのレベルで、私たちの体に栄養を与えるために引き込む愛の息吹を、意図したリズムでゆっくりと何度も唱えます。このマントラで細胞が無限の性質を持ち、相互につながったマトリックス全体、無限の純粋な愛に私たちが存在することを、私たちの細胞に思い出させます。「私は、無限です」

●3番目のマントラ「私は永遠です」を追加します。

●再び「私は」と唱えてゆっくりと息を吸います。そして、「永遠です」と唱えて、穏やかで洗練された息を吐きます。

●このマントラで私たちの内にある神聖な本質の不滅の性質を認識します。
●とてもゆっくりと穏やかで洗練された呼吸で、あなたの原子を通して、最も栄養のある愛の最も純粋な流れと、マトリックス内のこの純粋な愛の脈動の最も深い流れを引き出します。
●それを想像して、その流れがすべての細胞の構造を通して純粋に流れ、癒し、栄養を与え、再生し、あなたの皮膚の毛穴から流れ出てあなたの周りのエネルギー・フィールドでも同様に働き、あなたからの放射が他人にも栄養を与えるように意図し、あなたのマインドで指示します。

ステップ③

●3つのマントラを使って、このリズムでリラックスします。
「私は愛です」
「私は無限です」
「私は永遠です」
●あなたのキリスト性、あなた自身の純粋で完璧な部分を認識し、それがあなたを通して目覚め、放射するよう奨励しましょう。

●私たちの意図は、常に私たちの内、ここに完璧に存在する神の愛の脈動を感じ、私たちの内外のより高い次元からそれを引き出すことです。それが私たちを通して溢れ出るのをゆるし、すべての人間を飢餓から解放し、私たちを共通の波動で統合して、この愛の脈動とそれに含まれるすべてを感じるまで、この愛の呼吸の瞑想を毎日楽しみましょう。

●気がマインドに従うことを忘れないでください。

●最も純粋な愛の流れが内なる無限の海、各原子の目に見えない扉から細胞へ、そして皮膚の毛穴から出て、栄養を与え、変革を導く様子を想像しましょう。

●目をあけた状態で内なる次元からエネルギーを吸い込み、それを肉眼に吸い上げたら、肉眼から吐き出して、世界や他人への私たちの見方を変える方法を学びましょう。私たちの目から放射されるのは最も純粋な無条件の愛の流れだけになるようにするのです。そうすることにより常に純粋な愛、私たちの前にある真の愛の道を見て、それらを見つめる時に神聖なすべての愛の本質が見られるように意図しましょう。

●沈黙してマントラを利用し、この愛の呼吸のリズムを練習しましょう。

●私たちが瞑想している本質のパワー、すべての創造物を生み出したこの純粋で完璧な愛の脈動を覚えておいてください。この愛の呼吸のリズムとそのマントラにより、毎日わずか数分で私たち全員を変えられます。宗教を超越した私たち自身の完璧な性質を経験できるのです。

●この瞑想と私たちが得られる洞察に感謝しましょう。

●瞑想を終える前に、私たち一人ひとりがすべての恵みを受け取れるよう、この純粋で神聖な本質に感謝を込めて求めます。

●そして、私たち自身の次元上昇した資質がこの次元のすべてと調和して純粋で完璧な輝きを見せるよう求めます。

●そして現実に戻る準備ができたら、ゆっくりと目を開けてストレッチをします。

THE LUSCIOUS LIFESTYLES PROGRAM

 EMBASSY OF PEACE

...A lifestyle Program for Health, Happiness & Harmony...

第 4 週

祈りのパワー

第4週　祈りのパワーへの理解

パワフルな祈り、普遍の法則とワンネスに関して洞察し、私たちのベースライン・エッセンスに加えて、活力を与える存在の本質の瞑想について考察します。

――祈り、聖なる交信は、8つのライフスタイル・ポイントのパート2。

今週も、詩による洞察からはじめましょう。

祈りについてのポエム

私たちが知ることにオープンになれば、祈りは多くを提供してくれます。
沈黙のなかで聞くこと、感じること、そして輝くことを。
聖なる交信は、この広大な生命のネットワークのなかで、
争いなく、火を灯し、感じるよい方法。
私たちの芯からの祈りは私たちが誠実であることを意味し、

本当の気持ちで述べた、とても明確なメッセージ。
そうしたものは聞き届けられ、いつか答えが得られます。
解決策や新しい方法が提供されるのです。
すべての心配、疑いや恐れから解放されるために、
他人の存在を感じ、光に満ち、明晰になり、
洗練された生き方、聞き方ができるように。
神のような私たちがいるこの王国を楽しめるように。

祈りは私たちを結びつけ、ひとつにします。
祈りは、私たちをとても暗い川から導き出してくれます。
私たちを落ち着かせ、癒し、新しいメロディをもたらしてくれます。
私たちはつながり、リアルに感じ、そしてはるかに明るい見方ができるのです。

祈りのパワーについて——8つのライフスタイル・ポイント、パート2

祈りのパワーは、不死と癒しの女神である観音によって推奨されたものです。祈り、聖なる交信もまた、UFI（Universal Field of Infinite love and intelligence：U.F.I.：無限の愛と知性の普遍のフィールド）について、それが私たちの親友であるかのように見ることで、これには、普遍の法則と量子フィールドの知性の力を理解することも含まれる場合があります。

祈りのパワーにあるのは、癒しだけではありません。神と呼ばれる宇宙のコンピュータとの毎日のコミュニケーションにより、私たちは内なるプラーナの流れを強く保てるのです。これは、似たもの同士が引き寄せ合うという共鳴の普遍の法則です。

神性に焦点を合わせると、神聖なすべてのものが私たちの注意によって養われるのです。

祈りは「聖なる交信」と呼ばれることもあり、それはベースライン・エッセンスとして創造を通して流れることが知られている無限の愛と知性のフィールドとつながる方法です。神と呼ばれることもあるこのベースラインの本質を認めてできる最も名誉なことのひとつは、そのフォースが常に私たちの言うことを聞いているかのように、心の中心から語りかけることです。

ブルガリアの賢人、オムラーム・ミカエル・アイバノフは、祈りのなかで次のように述べています。「私は、リハーサルされていない、自発的に流れる祈りを好みます。友達にお願いする時は、あまり影響を受けることなくシンプルに自然に語ります」

祈る際は、台本なしで、誠実な心を持っておこなうべきであることを、この言葉は示唆しています。

1988年、デューク大学の研究チームが、癒しのツールとしての祈りのパワーを証明しました。重大な心臓手術を受けた患者のために祈るよう、多くの異なる宗教グループの人々に頼んだのです。

患者は自分が祈られていることを知りませんでしたが、この研究の終わりに、祈られた患者は特別な祈りが向けられなかったほかの患者と比較して、1.5倍から2倍回復がよかったことがわかりました。宗教の違いにかかわらず、同じ結果が達成されました。

シンプルな瞑想と祈りの時間

はじめに、祈りに入る手順を覚えましょう。

①快適な状態で目を閉じて、少しの間、祈りを捧げる準備をしましょう。

②まず、呼吸のリズムを遅くして、常にあなたに耳を傾け、あなたに息を吹き込み、常に存在する知性の至高のパワーである内なるベースライン・エッセンスを深く認識します。

③その存在はあなたの呼吸を通して、そしてそれに対するあなたの意識を拡大することによってわかります。それは創造のすべてを通して存在する知恵の流れであり、それが私たちの呼吸を通して、人生を通して、私たちをサポートしてくれていることを感じましょう。

④そして、そのパワーは常にその創造物としての私たちを認識していると想像しましょう。

⑤ゆっくりと、それでいて深く洗練された呼吸を保ちましょう。

⑥いま、この無限の本質と何を心の底から分かち合う必要があると思いますか？

⑦本質の存在を感じ、より高い知識の声が聞けるように、呼吸のリズムをさらに遅くして、さらに微細で洗練されたものにします。

⑧ゆっくり、穏やかで、洗練された深呼吸。

⑨この純粋な本質といまミュニケートすることに集中しましょう。

⑩あなたのなかで本質があなたに耳を澄まし警告していると想像しましょう。
⑪世界の平和、または愛と賢明な理解の光を得られるよう祈りましょう。
⑫困っている人のために祈りましょう。
⑬またはこの祈りの時間に、あなた自身の人生のすべての驚きと創造の美しさに感謝を捧げましょう。

シンプルな祈り

「私の内なる、私の周りにある、すべての生命の創造の本質……。

私はいま、喜びと安らぎと恩寵とともに、無限の愛と知恵を持つあなたのチャンネルにもっと深く同調することを、あなたに求めます。

私はまた、常に明晰さと知恵、私の最善とすべての最善のためにこの人生の道を歩くという、より高いビジョンを求めます。

私がいまここで必要としているすべての支援を、私がすべてとの調和のなかでこの人生でおこなうようになったすべてを、喜んで果たせるように願います。

そうしてください！　そうしてください！　そうしてください！」

もうひとつのシンプルな祈り

「ありがとう、ありがとう、ありがとう！
私の人生を満たし、祝福し続けてくれるすべての素晴らしい人々、物事、経験にいま、この感謝の祈りを捧げます！
私は本当に恵まれていると感じています（そして、今日の人生で本当に感謝していることをすべて挙げてください）」

毎日あなたが目を覚ました時に、このようにお祈りすることをおすすめします。この感謝のエネルギーを維持すれば、もっと感謝したくなるようなことを、この知的なフィールドがあなたにもたらしてくれるでしょう。

これまでのところ、**快適なライフスタイル・プログラム**（Lucious Lifestyle Program：L.L.P.）として、人生を明確にし、本質とのつながりであるダウ・マッチ・コードで家族や友人との関係を改善し、純粋な本質の特質についての瞑想を通して自己認識、自己修得、自己知識を深めるためのテクニックをご紹介しました。

では、次に、祈りが量子フィールドとの交わりにもなり得る科学として、祈りのパワーについてもう少し深く理解しましょう。

優れたエネルギー・フィールド・プログラミング（第5週でさらに詳しく説明します）により、特にベースラインと私たちが呼ぶものに気を配れば、よりリラックスした人生が送れます。

また、3つの普遍の法則、つまり愛の法則、ワンネスの法則、および共鳴の法則としても知られる引き寄せの法則を理解する時にも役立ちます。

愛の法則

神聖な愛は、創造の本来のパワーとして、触れるすべてのものをもとの形に戻す力を持っていると述べています。ですから、私たちは、神聖な愛が絶えず放射される宇宙の伝達ステーションになるという奉仕に、人生を捧げることができます。それが私たちのなかを移動し、私たちの存在の原子を通って私たちの内なる宇宙から流れ込む時、それは私たちに栄養を与え、私たちを解放し、変革させてから、皮膚の毛穴から流れ出て、この愛に対してオープンな他人に触れて浸透します。

愛の法則は奇跡の探求者を見つけ、その恩寵は私たちに、奇跡を認識し楽しむ方法、そしてそれらをつくり出す方法を教えてくれます。そのような奇跡を体験することで、私たちはすでに自分が完璧で自由であることに気づきます。

奇跡とは、超自然的なパワー、しるし、特別な恵みの表現により実行される驚異であるといわれています。ラテン語の「miracula」に由来する奇跡（英語では「miracle」）を目のあたりにすれば、畏敬の念、または興奮を感じます。そのような行為は神の恩寵から来ていると見られているからです。恩寵は、私たちが人生における愛の法則と自分自身の本質の特質と同調しているあかしです。

ワンネスの法則

私たち全員が同じ本質を共有し、生命のネットワークのなかで相互に関連しているので、私たちがしていることすべてが全体に影響を与えます。これを理解したうえでの自己修得の行為には、私たちが自分のすべてのエネルギー放出に責任を持つことが求められます。

次のマントラを使用します。心からの意図を持って、大声で3回マントラを唱えましょう。

「私の存在に関するすべてがこの世界を強め、この世界に関するすべてが私の存在を強めます。これが真実であるように、私は本質のガイダンスにオープンになります」

このマントラは、私たちを新しい運営システムに導くように設計されています。ですから、自分がこの世界についてあまりにも批判的であると感じた時、あるいはほかの人から離れ過ぎていると感じた時にはいつでも、このマントラを繰り返すとよいでしょう。

共鳴の法則（引き寄せの法則）

エネルギーがそれ自体を拡張して、同様の波動を引きつけ、その創造の源に戻るとされています。したがって、私たちが見ている宇宙は私たち自身のエネルギーの共鳴の反映であり、それは私たちの意識の延長なのです。

ワンネス——さらなるいくつかの洞察

ワンネスについて、もう少し洞察を深めましょう。

①多くの形而上学者や先住民によれば、私たちはワンネスのネットワークのなかに存在し、私たち一人ひとりが、知性が生きる体の細胞のように、すべてのものとつながっています。私たちがしていること、私たちの生き方は、私たち全員に影響を与え、このネットワークに振動を刻みます。私たち一人ひとりが自分自身、地域社会、そしてこの地球のなかで調和して生きるという明確な意図を持てば、愛のネットワークが反応し、その方法を教えはじめてくれますが、それにはこの知識を受け取るために心をオープンにしていなければなりません。

②もちろん、お互いの長所を見るようにすることなど、このワンネスのネットワークで調和を体験するためにできる実用的なこともあります。また、私たちを対立、分裂させる代わりに、お互いの共通点に意識を向けさせてくれるのです。

③愛のネットワークで共通の本質を共有します。これは、同じベースラインの波動であり、もちろん純粋な愛です。私たち一人ひとりのなかにあるこの純粋な愛の海は、私たちの認識と注意に応

じて小さくも大きくもなりますが、多くの恵みを与えてくれます。

④この愛の内なる海を感じたいという願望を持ち、瞑想で私たちの意識を純粋に内に向ければ、それは私たちの内で浮上し、私たち全員が本質的に同じでありひとつであることが明らかになります。

⑤このパワーが強まり、それにフォーカスしてその存在を認めるほど、私たちはより早く、ひとつの惑星に調和して生きるひとつの種として団結できます。それは愛の普遍的な法則と共鳴の普遍的な法則であり、分離主義のイデオロギーや宗教を超えたシンプルな科学として機能するようになります。

⑥平和の使節では、あなたの存在を喜びで満たすライフスタイル、世界全体にとっても有益なライフスタイルを送ることをおすすめします。そうすれば、私たちは皆、心に愛を、マインドに知恵を持って、ひとつの心、ひとつのマインドとして動け、私たちの世界のスピリットであるガイアと調和できます。

ベースライン・エッセンスの注意点

私たちのベースライン・エッセンスはすべての生命の源で、深い祈りのなかで一体になれますが、ここで付け加えておきたい注意点がいくつかあります。

●次元間エネルギー・フィールドの科学では、ベースラインは創造中の出来事の流れを指示しサポートする波動です。

●エネルギーの脈動として、ベースラインは私たちの人生経験も決定します。

●私たち一人ひとりの実際のベースラインの波動は、多くの人が本質と呼んでいるものです。私たちのベースラインを、神の存在、気、またはすべての生命体の内なるエネルギーのフォースと呼ぶ人もいます。

●人間のエネルギーのプールでは、ベースライン・エッセンスは、その利用状況に応じて強い場合と弱い場合があります。

●ベースライン・エッセンスを活用すればするほど、私たち自身も私たちの惑星もより自由でシンプルな存在になります。

健康、幸福、調和のレベルが向上することも、ベースライン・エッセンスを利用するメリットです。

●ベースライン・エッセンスをより強く体験することで、幸福感と安らぎが深まります。

●すべての内なるベースライン・エッセンスは無限で、純粋で、完璧で、完全です。常にそこにあり、常に利用可能です。

●私たちのベースライン・エッセンスは、私たち全員が自由に使える最も重要な無料の資源で、最も予想外の方法で私たち全員に提供されます。

●このベースライン・エッセンスへのアクセスは容易で、私たちに息を吹き込むパワーの源です。私たち全員がそれに同調すれば、呼吸を通して感じることができます。

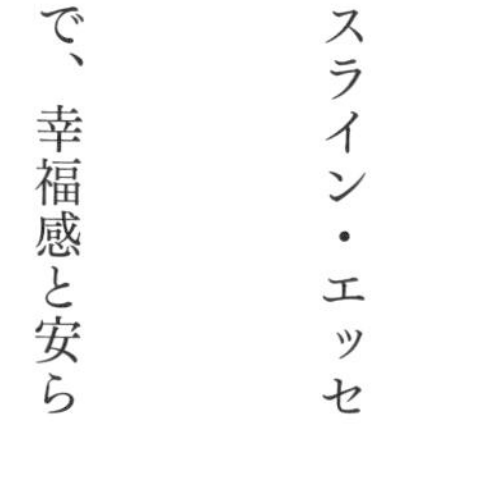
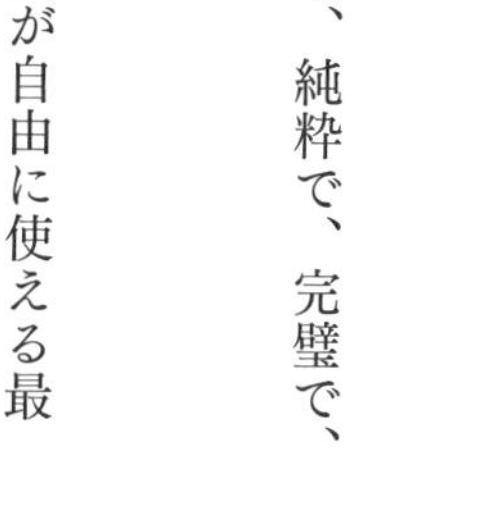
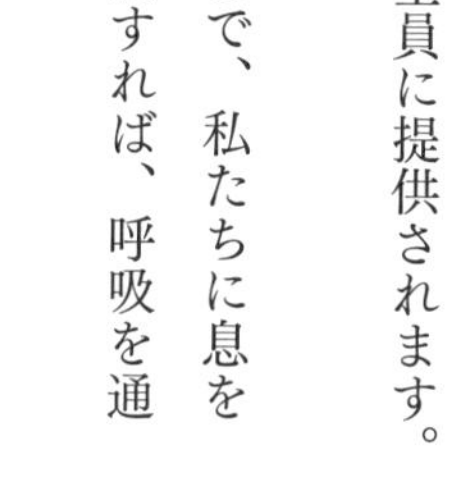

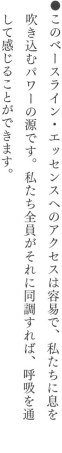

●私たちのベースライン・エッセンスを認識すれば、その恵みと特長を発見するためにオープンになれ、最も素晴らしい旅をはじめることができます。

●私たちのベースライン・エッセンスの波動の特性により、意識的にその純粋なエネルギーのプールに融合すれば、それは完全な変革をもたらします。

●これを集団でおこなえば、私たちの世界に革命をもたらします。私たちのベースライン・エッセンスは、すべての創造物を存在させたほどパワフルだからです。

●私たちのベースライン・エッセンスはパワフルなだけでなく、それ自体のなかに私たちの世界のすべての不均衡を解決するための知恵と方法を持っています。

●私たちのベースライン・エッセンスのパワーと知恵は、私たちの感情的、精神的、スピリチュアルな飢えをすべて取り除くことができる愛の調和の脈動によってさらに強化されます。

●ベースライン・エッセンスのエネルギーの流れとの再統合により、多くの基本的な人間のニーズから体を解放できます。

●私たちを愛し、導き、癒し、そして肉体的に養うことができるように、私たちのベースライン・エッセンスを栄養源として利用すればするほど、地球ベースの資源への依存度が低くなります。

●強いベースライン・エッセンスはまた、人間の生体システムをすべての病気から解放することもできます。これにより、地球はすべての病気から解放されます。

祈りの時間

では、この祈りについてのセッションの最後として祈りの時間をとり、次にあげる本質でいる瞑想で終えます。再び、あなた自身を快適でリラックスした状態にしましょう。

ステップ①

●少しの間、ゆっくり、穏やかな深呼吸を続けましょう。

ゆっくりと深く息を吸い込むたびに、私たちの奥深く、私たちの周りから、純粋な本質のエネルギーの無限の流れを引き込んでいると想像してみてください。

●そしてゆっくりと息を吐き、すべてを手放しますが、この純粋な内部エネルギーのプールである本質にフォーカスしたままにします。

●ゆっくり、深く、息を吸います。

●この本質を私たちの存在の核心から引き出します。

●ゆっくりと息を吐くごとに、この本質のより奥深くでリラックスします。

●私たちに息を吹き込んでいるものとより深くつながるよう意図して、呼吸のリズムをさらにゆっくりにします。私たちの本質……。

●ゆっくりと息を吸い込むたびに、本質が穏やかに目覚め、より明らかになり、強化されるよう想像してください。

●ゆっくりと息を吐くたびにすべてを手放しますが、この瞬間にはオープンになり、ゆっくりと深く、しかし洗練された息を吸うたびに、純粋な本質が目覚めるのを感じます。

●この本質が純粋で完璧なもので、あなたのなかで啓発された部分はすでに癒されていると想像しましょう。それがいま、あなたがゆっくりと吸い込むたびに引き出している内なるエネルギーのプールなのです。

ステップ②

●次に、息を吐きながらリラックスして、あなたに関係することや、この瞬間からあなたを遠ざけることのすべてを純粋な本質の海に戻しましょう。

この純粋な本質は、瞑想を通してあなたがよく知っているあなた自身の別の部分、あるいは、まだあなたが出会ったことのない部分かもしれません。

●そして、リラックスしてその流れにオープンになります。

●それを内なる深い芯から引き上げ、ゆっくりと息を吸い込むたびに体に氾濫させます。

それを愛情のある、賢明でパワフルな存在、あなたの内なるグル、賢い存在として感じてください。

あなたのすべてのエネルギーを、この純粋な本質と混ぜ合わせてブレンドすると想像してみましょう。

●ゆっくりと息を吸うたびに、そのエネルギーがあなたのなかで上昇して、親が長い間行方不明になっていた子供を抱きしめたり、愛する友人に挨拶したりするように、あなたにその愛を示していると想像しましょう。

●深く、ゆっくり、接続された呼吸をします。

●息を吐いたら途切れなくそっと息を吸い、あなたの内外の最も高次元からエネルギーを引き込んでいるという意図を維持します。

あなたがあなたのなかでもっと完全に存在するようになり、あなたの純粋な本質の特質が、いまではあなたの存在のすべてのレベルであなたに栄養を与えることができるのです。

●本質が目覚めるにつれて、あなたを変革し、再調整し、純粋な自己をあなたのなかに取り込むよう想像してみてください。

●すべてを鎮静化させてくれるクールな炎が、もはやあなたの役に立たなくなったあなたの内なる要素を燃やしてくれるので、呼吸するたびに生まれ変わったように感じることもできるでしょう。

ステップ③

●次に、息を吐くたびに手放し、全身をリラックスさせ、私たち全員の内なる深いところにあるこの純粋で完璧で目覚めた本質の海に深く沈んでいるかのように感じます。

●この無限で賢く、愛情のこもった本質を飲み込んでいると想像しながら、ゆっくりと深吸しましょう。

●あなたの本質があなたの細胞の構造を満たしていると想像してから息を吐き、皮膚の毛穴からこの世界に流出させて、純粋な本質の流れに向かってオープンになったあなたの周りのすべてに栄養を与えましょう。

●その流れがあなたを、健康、幸福、調和のリズムへと再調整する様子を想像しましょう。

●ゆっくりと呼吸するたびに、この本質をあなたの内に目覚めさせ、私たちの人生を通して放射させます。私たちは純粋で、賢明で、愛情深い存在であることを感じ、知ってください。

●この呼吸法でよく使用するマントラは「われ在り（私は在る　I am）」です。

●ゆっくりと「私は」と唱えてゆっくりと息を吸い込み、内なる至高で神聖な自分と同調します。そして息を吐きながら、ゆっくりと「在る」と唱えます。

●「われ在り（私は在る　I am）」のマントラは、至高の「われはわれたるものなり（I am that I

am)」を認める、私たちの世界で最も古いマントラのひとつです。

●少し時間をかけて、この呼吸のリズムと意図で「われ在り（私は在る　I am)」のマントラを試しましょう。

これによってあなたの体がどのように影響を受けるかに注意しましょう。

●あなたはいま、リラックスしたアルファ波、シータ波の脳波パターンになっています。祈りと深い一体感で沈黙し、この瞑想を終えましょう。

この呼吸法のテクニックを朝と夜に少なくとも5～10分間おこない、毎日、自分の本質をより意識できるようになりましょう。

今週のエクササイズ

●この1～2週間以内に、あなたにぴったりの祈りを見つけてください。この一体感があなたにとって深く心から感じられるような言葉と気持ちを見つけましょう。

●次に、他人のために心から祈るための完璧な言葉と気持ちを見つけましょう。

●次に、私たちの世界のために心から祈るための完璧な言葉と気持ちを見つけましょう。

●最後に、あなたが人生で感謝しなければならないすべてのことを評価し、認めるための、心からの感謝の祈りを見つけてください。

●毎朝ベッドから出る前に、感謝していることに意識を集中して、数分間このエクササイズをしましょう。

●次に、5分間、ゆっくりとした深呼吸を続けます。呼吸だけに集中するか、「われ在り（I am）」または「**私は愛です（われ愛なり）**」のマントラを唱えましょう。

静止して沈黙したまま、心に感じる歌を聴き、今週のプログラムを修了します。

THE LUSCIOUS LIFESTYLES PROGRAM
EMBASSY OF PEACE
...A lifestyle Program for Health,Happiness & Harmony...

第5週

精神の修養とプログラミングのパワー

第5週　精神の修養とプログラミングのパワーについて

精神の修養とプログラミングに加え、健康、DNA、パラダイスの再コーディングについて紹介します。さらに、トップダウン・テンプレート・ローディングの脳波パターンとエネルギー・フィールドの科学について洞察します。

——精神の修養は、8つのライフスタイル・ポイントのパート3。

アルベルト・アインシュタインはかつて次のように述べています。

「私たちには入り込めないものが実際に存在し、それは最高の知恵と最も輝く美しさとして現れるが、私たちの鈍い能力では最も原始的な形でしか理解できない、という知識こそが、真の宗教性の中心にある感覚だ」

では、詩による洞察からはじめましょう。

精神の修養についてのポエム

精神の修養は、
来《きた》る平和のために
物事がうまくいった時のために
崇高であるといわれています。
それが求められたら、
心の力、そしてまたよい考えが
わかる必要があります。
理解され、熟考され、
私たちが……私たちにとって正当な王位に就くことができるように。

私たちは創造的な思想家、あるいはプランナーです。
神の扉を次々と通り抜けて、
まっさらな創造のフロアで踊る建築家。
または非常に貧しい精神の、人生の犠牲者。
よりよい映画を上映するために、
アイデアが議論され、修正され、そう、変更されました。

愛の王国への鍵、平和な領域へのコードが得られるように。
実権を握るための、入門へのプログラム。
新しい舞台、新しい生き方へ、
マインドが私たちのしもべである時、与えるデザイン。

しかし、前向きな考え以上のものが必要です。
私たちの夢、私たちが望むすべてを実現するためには。
よい態度、気づき、意識的な世界観に、
ライフスタイルの微調整を加えて、すべてを統合します。
つまり預言者により語られ、解剖された
非常に明確な経路を通じて平和にオープンになるのです。
考えのひとつひとつが
ネットワークを照らすように設計されているか、
または爆音を立てるだけの
爆弾や、熱に向かうミサイルのようなもの。
感情に加えて、意志と意図とで
天国の扉が開くまで、満ち足りた心で。

私たちの思考がそれらによって生み出されることを私たちはいま知っています。
ですから、その代わりに、
フィールドを通して、とても賢く、そしてとてもよく、
すぐに私たち全員を幻想の呪文から解放してくれる、
流れることができるものについて熟考しましょう。

精神の修養について――8つのライフスタイル・ポイント、パート3

精神の修養は、不死と錬金術のマスターのひとりであるサンジェルマンによって推奨されたものです。精神の修養というプログラミングは、このライフスタイルの最も複雑な部分です。それは、もはや私たちの役に立たなくなった反復的な思考パターンを超越して移行するのに意識と規律を最も必要とするためですが、これは思ったよりも簡単です。

サンジェルマンが何年も前に私に教えてくれたように、私たちがしなければならないのはこれだけです。それは、私たちが読んだり、聞いたり、自分の心や誰であろうと他人から言われたりすることについて、(この情報を真実として受け入れる前に) 自分自身に尋ねる、ということです。

「**この情報は私が限られた存在または無限の存在になることを可能にしますか?**」

そして、それが制限を生み出すことがわかった場合、それを私たちの現実には受け入れません。代わりに、誰かがあなたと共有している、またはあなたのなかで繰り返し発生しているかもしれないアイデアや思考パターンを、あなたが感じる現実に置き換えて、私たちの賢明で愛情のある本質の特質が無限であることを表現してください。

次元間バイオフィールドの科学では、光線はコンピュータのハードウェアのように機能し、思考、意志、意図で構成される特定のソフトウェアのプログラムによって操作および指示されます。次元間バイオフィールドの科学の基本的な事実は、すべての人にとって有益なすべての考え、言葉、行動が、最も純粋で最もパワフルなフィールドによってサポートされるということです。

自分の思考をコントロールすることと世界観を選択することが、人生の成功には不可欠です。そのため、私たちがこの人生をどのように体験したいのか、そして私たちが個別にそして集合的に何をつくりたいのかを明確にする必要があります。

精神の修養には、前向きな思考の利点の理解と、量子フィールドの知性によるコーディングが含まれます。私たちがベースラインのプログラミングと呼ぶものは、基本的に数学です。それは生命のネットワークが巨大なコンピュータであるかのように、すべてが普遍の法則によって実行されているからです。

私たちが選択したエネルギーの流れと、現実に留まるように私たちの精神的プロセスを使用することを学ぶことは芸術の域ですが、これを推進するベースラインが固定されたら、私たちの創造物をリラックスして楽しむだけのことになります。

いまでは多くの人が、思考がバイオフィールドを通して「見えない」エネルギー・フィールドを放出および伝達するという事実に気づいています。したがって、これらのフィールドはリバウンドし、送信元によって受信されます。

その結果、私たちの人生で私たちにやって来るすべてのもの、私たちの前に立つすべてのものは、私たちが放出したエネルギーの性質によって私たち自身に引き寄せられたものなのです。

私たち——私たちの身体、感情体、精神体、スピリット体は動いているエネルギー・フィールドであり、すべてが特定の振動数で共鳴して振動し、エネルギー波を伝達しています。端的に言えば、人体はコンピュータのハードウェア、マインドはディスク・オペレーティング・システム、思考はソフトウェアのプログラム、そして私たちの生活はその3つの「プリントアウト」とみなすことができます。身体は感情体に反応し、感情体は精神体に反応します。それらが整列すれば、スピリットと神性の知性に役立ちます。したがって、私たちの精神的なプログラミングは、私たちの感情的な幸福だけでなく、私たちの健康、幸福、調和のレベルにも影響を与えます。

私たちの思考プロセスは習慣的で学習によって得られたものですが、自動的なようでもあり、私たちにはコントロールできないこともあります。

ディーパック・チョプラ博士は、著書『Unconditional Life：Mastering the Forces That Shape Personal Reality（無条件の生活）』のオーディオ・テープで、次のように述べています。

「私たちは自分の考えの囚人です。記憶と習慣を通して、私たちは文字どおり条件づけられた反応と神経の束になり、常に人と状況による引き金に反応し、身体の生化学的反応として予測可能な結果を起こします。そのため、条件づけられた精神は、新しいもののための余地をほとんど残しません。感情は私たちのコントロールを超えているようです。私たちは牢獄を選び建てますが、悲劇的なことに、私たちにはこの刑務所の壁さえ見ることができません。私たちが現在耐えている意味の欠如は、私たちがこの刑務所内に留まっていればさらに悪化する可能性があります」

私たちは、学習の形成期に関わる人々により、次のような思考過程を教えられています。

- 過度に一般化します。
- 物事を白か黒に判別します。
- 証拠なしに結論を導き出します。
- 状況を鑑みて最悪の事態を想定したり、大げさにとらえたりします。
- すべてを自分中心に考えます。
- 常に失敗や問題にフォーカスします。

思考がエネルギー(感情を引き起こす可能性もある)であり、普遍的な法則がこのエネルギーを支配していることを理解することで、私たちは意識的に、個人的な現実を創造する力を得られます。

そうすれば、私たちは限られた思考や人生が「私たちに起こる」という信念から永遠に解放されます。

その後、私たちはマインド・マスターの見習いになります。

私たちは、すべての考えに対して規律と警戒が必要であることを認識しています。また、私たちの信念、習慣的な思考パターン、反応の基礎に疑問を投げかける必要があります。

私たちの生活がすべてのレベルで豊かであるなら、私たちは精神とその創造する能力を習得できたはずです。それでも制限や不足を感じる場合は、思考形態を注意深く精査する必要があります。

前向きな考えの後に否定的な考えが続くと、エネルギー・フィールドが中和されます。逆もまたしかりです。ですから、否定的な考えを見つけたら、それを前向きな考えで追いかけ、現実の変化を見守らなければなりません。

短期的には、精神の修養を成し遂げ、すべての思考、言葉、行動に責任を持つためには、悲しい状況に際して世界やほかの人を非難する犠牲者のメンタリティでいるよりも、はるかに多くのエネルギーが必要です。

長期的には、私たちが見習いから卒業してマインドのマスターになれば、意識、もはや私たちの役には立たない習慣的な思考を手放す意欲、そして少しの規律とより多くの識別力が高まるなど、多大な恩恵があり、私たちの生活の質は劇的に向上します。

ディーパック・チョプラ博士は、「観察者にとって客観的な世界は存在しない」こと、そして「知覚は学習された現象である」ことを私たちに思い出させてくれます。

知覚は環境の影響、遺伝子によるプログラミング、および前世の経験によって支配されます。これらはすべて、細胞の記憶に保持されています。これらの記憶には瞑想、催眠術、前世療法を通じてアクセスすることができ、その結果、現在の人生経験に影響を与えられる可能性もあります。

すべての創造物は、神の知恵と思考の光線によって愛のなかで生まれます。私たちは創造力のすべてを備えた神のイメージでつくられており、自分の思考のパワー、そして暗示やマントラにより大きな癒しと人生の変化を生み出せるのだと認識する必要があります。

ベースライン・エッセンスに関するデータを紹介した祈りのパワーについての項目（第4週、102ページ）ですでに述べたように、このベースライン・エッセンスの波動は大地のようなもので、その上に、そしてそのなかに無数のものが棲んでいると見ることができます。

根づける大地がなければ、地球上の木々、建物、そしてほとんどの生命体は存在できません。すべての物質的な形を作成するために地球の要素とこの次元が必要なのと同じように、私たちには構築するための土台となる地球が必要です。

ただし、すべての生命を通過するベースラインの波動は電磁波の性質を持ち、複雑な宇宙回路を通過します。人間の場合、この回路は私たちの光の体、チャクラと経絡のシステムです。

この回路へのソフトウェアのプログラミングは、ベースラインに含まれている意識と、私たち自身の二元性の意識とのブレンドまたは融合によって効果的におこなえます。
ベースラインの波動は私たちの「私」の本質であり、私たちの波動をこのベースラインの波動と一致させてからブレンドすると、それが無限で永遠で広大な表現で、拡大し続ける海のようでもあることがわかります。

瞑想、沈黙、静止を通してのこの海の探検は無限で、非常に多くの支流と河川からなるエネルギーのシステムにつながれます。次元間バイオフィールドの科学では、これを「フッキング・イン」と呼びます。

そのような無数の可能性とブレンドできる可能性が非常に多いエネルギー・フィールドがあるので、私たちは自分たちが持つ磁気の引き寄せのパターンと、それが人間の進化にとってまだ意義があるものなのかを、よく認識しておく必要があります。

私たちが集団として持っている支配的な思考と感情のパターンが私たちの人間の進化を推進していることを思い出して、私たちが磁気で引き寄せてブレンドしたいエネルギーの流れに関して明確な意図を保つ必要があります。
再び成功できるかは選択にかかっています。二元性の自然な部分である古い限定されたパラダイムを受け入れ続けることによって、恐れと分裂の世界を生きるか、あるいは、健康、幸福、調和のリズムで相互に向上し合えるように生きるか、という選択です。

人体の70％は体液で構成されており、内分泌系が次元間の架け橋であるため、体液の流れに直接プログラミングすることもできます。プログラミングする液体（水）の効果は、江本勝 博士の研究によって証明されています。

より実用的な、健康、幸福、調和のためのベースラインのコーディング

使用したいベースラインのプログラミング・コードは、次のとおりです。

「私は心をオープンにして、私たちが分かち合うことが常にすべてにとっての最善になるように、私の神聖な自己を私が出会うすべての神聖な自己につなぎます」

別のタイプの成功のコードとして、

「私の存在に関わるすべてがこの世界の他者を強め、この世界についてのすべてが私の存在を強めます」

といったものでもよいでしょう。このコードは、この現実、ワンネスの次元、相互の強化を反映する次元へと私たちを引き込むようにデザインされています。

これらは、宇宙が私たちを通して、私たちの周りで宇宙の構成を変えてくれるようにするための、そして私たちが求めているものを提供してもらえるようにするための、ふたつのシンプルでいて深遠なベースラインのプログラミング・コードです。こうしたプログラミング・コードは、単なる「私」の課題よりも高いパラダイムに焦点を合わせているため、成功をもたらします。

それでは、少し時間をとって、次のいずれかのコードを3回大きな声で唱えましょう。

この命令が量子フィールドの知性によって記録され、サポートのための内なる次元の扉があなたの内外で開き、あなたにとって完璧な方法と時間で実現する様子を想像して、感情を込めて明快に唱えましょう。

「私は心をオープンにして、私たちが分かち合うことが常にすべてにとっての最善になるように、私の神聖な自己を私が出会うすべての神聖な自己につなぎます」

「私の存在に関わるすべてがこの世界の他者を強め、この世界についてのすべてが私の存在を強めます」

癒しの暗示とマントラ

深呼吸やボディ・ラブおよび愛の呼吸といったツールを利用して、自分の中心に還ります。

●深くリラックスできたら、癒しが必要な体の部分に向かって微笑みながら、ピンク色の愛の光のビームを送るように想像しましょう。

●次に、緑色の癒しの光のビームを送ります。緑色の癒しの光が細胞に栄養を与えて細胞を変革していると想像します。

次に紫色の光で同様に想像しましょう。

●損傷した細胞や内臓に光をあてながら、「愛を込めていま癒します。愛を込めていま癒されます」と何度も唱えましょう。

●次のチャントも利用できます。

「体よ、いますぐ自分を癒し、再生しなさい!」

量子フィールドは、私たちがすべてのパワーを持ち、創造的で本質的に神聖な存在であるかのように、各人間のエネルギー・システムに応答するように自然にプログラムされています。したがって、それは私たちの支配的な思考、言葉、感情のパターンに反応し、私たちの現実としてのあらゆる瞬間の私たちを反映しています。

アメリカの生化学者、ブルース・リプトン博士が人間のＤＮＡについておこなった研究でも、私たちのＤＮＡは私たちの知覚と環境によって変化する可能性があることがわかりました。研究者によると、これは私たちが配線されていないことを意味し、脳の神経回路だけでなく遺伝的素因も簡単に再配線でき、ＤＮＡを変更およびリセットできるという、より高い光科学の前提を証明しています。

これは、私たちの本質である私たちの内なる神聖な存在と協力して、私たちが顕在化できる最高のバージョンに自分自身を継続的に再パターン化および変革できるという考えを支持しています。

次元間バイオフィールドの科学によれば、私たちは自分で作成したＤＮＡ信号に継続的に応答するロボットのようなものです。にもかかわらず、物質として肉体のなかに存在する私たちの能力は、ベースライン・エッセンスに保持されている神聖なＤＮＡコードの一部です。

したがって、現在のＤＮＡパターンを神聖なＤＮＡの流れに再調整するよう命じるコードは次のとおりです。

「いますぐ、すべての人間のＤＮＡパターンを、もとの神聖で完璧なＤＮＡに再調整するように求めます。私の内外の知的な普遍の流れ、このベースライン・エッセンスに、私の内外のすべてのエネルギーの流れ――平和、楽園、健康、幸福、そして調和のエネルギー・フィールドに、いますぐ同調させるよう求めます」

このコードについてさらに瞑想し、誠実な心でもう一度唱え、神聖な存在としてのあなたの権利であるかのように、個人的および世界的な楽園と平和をもう一度体験しましょう。

唱える言葉は追加または変更してもかまいません。

あなたにとって最適な時間と方法で、この願いが量子フィールドの知性によって記録されており、これを完璧な方法で実現するためにサポートの内なる次元の扉があなたの内外に開いていることを想像しましょう。

少し時間をとって、このコードをもう一度はっきりと意識しながら3回唱えましょう。

次のコードは、この世界の微細な次元としてすでに存在するパラダイスの領域に意識を同調させる役にも立ちます。

「いますぐ神聖なＤＮＡのパラダイスのネットワークにロックイン！

神聖なＤＮＡのパラダイスのネットワークにいますぐロックイン！

神性のＤＮＡ、パラダイスのネットワークに、ロックイン……いますぐ！

私は、地球の人間としての生まれ持った権利を主張し、平和のリズムのなかに存在し、この世界を再び楽園の場として知るようになりました！

その通りです！　その通りです！　その通りです！」


あなたにとって最適な時間と方法で、この願いが量子フィールドの知性によって記録されており、これを完璧な方法で実現するためにサポートの内なる次元の扉があなたの内外に開いていることを想像しましょう。

少し時間をとって、このコードをもう一度はっきりと意識しながら3回唱えましょう。

脳波のパターンと反復的思考

概して0～2歳の子供は長年深い瞑想をしてきた人々と同様に、よりゆっくりとしたデルタ波の脳波パターンにいることが知られています。そして2～6歳で、魅惑的なライフスタイル・プログラムの実践からも得られるシータ波の脳波パターンに入ります。

興味深いことに、誕生時から6歳までの子供たちは、人生に存在する方法、歩く、栄養をとる、話す、言語を学ぶなど、さまざまなことを吸収して学習する超学習能力を備えています。

シータ波の状態の彼らの脳は超可塑性を持ち、私たちが年をとるとおこなわれなくなる方法で神経回路が生まれ、再形成されています。このゾーンでは、彼らは目に見えない友人の世界と創造性のレベルにアクセスでき、想像力には限りがありません。

この状態では、彼らはとても愛しやすく、存在しやすく、楽しい無邪気さとシンプルさを持っています。彼らにとってはすべてが魅力的であり、少なくとも私たち大人が限りあるコントロール・システムで彼らを調整しはじめるまでは、無限の可能性を信じています。

6～12歳になると、彼らの脳波のパターンはアルファ波に移行し、12歳からはベータ波、アルファ波、シータ波、デルタの波のすべての波長が利用可能になります。

残念なことに、西洋の教育システムは、主に左脳とベータ波の脳波のパターンを刺激しがちです。こうした傾向は、私たちがとらわれたままになりがちな有毒な食生活や感情、思考パターンによってさらに強化されます。

トップダウンのテンプレートの読み込み術——より高度なコーディング

ではここで、次元間エネルギー・フィールドの科学の一部であるトップダウン・テクノロジーをご紹介しましょう。

「トップダウンのテンプレートの読み込み」とは、私たちが平和の使節で使用する用語であり、別の現実にチューニングし、進化の方向性のための新しいインプリントを受け取るために開くシステムです。以前に説明したように、ベースラインのプログラミングのコードと特定の意図にもフォーカスして、ライフスタイルを通じての可能性のフィールドに注目します。

形而上学的な伝統は生命の科学を研究することですが、秘密の伝統はより悟りが開けたレベルでの表現によって生命を体験することです。

これをサポートするために、私たちは通常、自分自身を感知し、感じ、より洗練された、悟りが開けた自分のバージョンでいるという態度を維持し、グローバルなエネルギー・フィールドで私たちの存在感を高めますが、それはさまざまな方法でおこなうことができます。

まず、私たちの日常のライフスタイルと時間の過ごし方、そして「トップダウンのテンプレートの読み込み」のプロセスによっておこないます。

「トップダウン」とは、何かを高次元から低次元に降ろすことで、つまり次元上昇よりも次元下降です。

このためのプログラムは次のようになります。

「私は自分の光の体のなかで、そしてそれを通して、地球上のすべての人と平和に存在するためにいま必要な完璧な高次元のテンプレートをダウンロードし、固定し、活性化することにオープンです！」

これをあなたの心の真実として感じて、「すべての人と平和に存在する」ことがあなたにとって真実であるチャンネルにあなたが同調できるよう、あなたのすべての内なるサポートのネットワークがフォーカスしていると想像しましょう。

では次のように誠実に繰り返しましょう。

「私は自分の光の体のなかで、そしてそれを通して、地球上のすべての人と平和に存在するためにいま必要な完璧な高次元のテンプレートをダウンロードし、固定し、活性化することにオープンで

す！」

そして、より感情を込めて、もう一度唱えます。

「私は自分の光の体のなかで、そしてそれを通して、地球上のすべての人と平和に存在するためにいま必要な完璧な高次元のテンプレートをダウンロードし、固定し、活性化することにオープンです！」

次がトップダウンの読み込みのための追加プログラムです。言いかえると、量子フィールドの知性の応答を使用して、エネルギー・システムを受け入れ可能な特別な状態にします。

「私はいま、喜び、平和、恩寵のなかで、完璧な多次元および次元間テンプレートに自分自身を同調させ、いま地球上にいることができる、最も幸福で、健康で、最も調和のとれた存在になります。
私はいま、この世界で真の統一意識の完璧な体験を喜んで受け入れます！」

もう一度目を閉じてください。意図をしっかり感じて一体になります。そして次に、さらに感情を込めて繰り返しましょう。

「私はいま、喜び、平和、恩寵のなかで、完璧な多次元および次元間テンプレートに自分自身を同調させ、いま地球上にいることができる、最も幸福で、健康で、最も調和のとれた存在になります。私はいま、この世界で真の統一意識の完璧な体験を喜んで受け入れます！」

もう一度、感情を込めて唱えましょう。

「私はいま、喜び、平和、恩寵のなかで、完璧な多次元および次元間テンプレートに自分自身を同調させ、いま地球上にいることができる、最も幸福で、健康で、最も調和のとれた存在になります。私はいま、この世界で真の統一意識の完璧な体験を喜んで受け入れます！」

このプログラムを、あなたの体のシステムでどのように感じていますか？

この世界で団結、調和、平和のリズムのなかに存在することが、あなたにとって可能だと感じますか？

ここで少し時間をとって、あなたのすべてのエネルギー・フィールド、あなたの人生、そして肉体的、感情的、精神的、スピリチュアルなレベルからなるあなたの統合システムが、私たちの惑星とそこに住む人々がいま必要としている最も栄養のあるチャンネルに完全に同調している様子を想像してください！

3回深呼吸しましょう。こうした要求が実現することを想像してください。

それでは、私たちの意識を広げましょう。私たちの世界を一周しましょう。

●すべてのレイライン、エネルギー・グリッド、聖地、ピラミッドのエネルギーが銀河とつながっている様子を想像してみましょう。

●私たちの太陽が私たちの地球に栄養を与えているように、偉大なる中心の太陽が銀河の中心に直接栄養を与えていると想像しましょう。

●偉大なる中心の太陽から、偉大な知恵の黄金のエネルギーが直接レーザー・ビームのように流れていると想像してみてください。

●この黄金の光の伝達、純粋で栄養のある神聖な愛の波が、次々に押し寄せてくると想像しましょう。

●この純粋な愛と無限の叡智が、銀河の中心の次元の扉を通って偉大なる中心の太陽から直接流れ込む様子を想像してみてください。それは、純粋な愛と無限の叡智を受け取り、この爽快なフォースの波動に同調することによって私たちの太陽に向けてこれらのエネルギー・システムを導く、ホワイトホールのようなものです。

●銀河の中心が、パワフルな宇宙のスポットライトとして機能していると想像してみましょう。それは、純粋で栄養のある光子エネルギーを地球に向けて、そして地球を通して、地球の大気を通して、地球の成層圏を通して、届けています。

●この純粋で栄養のある光子エネルギーが私たちの大気汚染をすべて浄化し、もはや種として私たちの役に立たない純粋で無垢な状態に溶解することを想像してみてください。

●銀河、太陽、そして地球へと着実に流れているこの偉大なる中心の太陽の流れによってオゾン層が癒され、回復していると想像してみてください。

●この偉大なる中心の太陽のエネルギーのダウンロードが私たちの水源と母なる地球を浄化し、ガイアが太陽の流れを飲み込んで強化され、いま、完璧なテンプレートに生まれ変わることを想像してみてください。

●このエネルギーが私たちの惑星のなかや周りで渦巻き、私たちにもこの流れが流入していると想像してください。それは必要に応じて、私たちの周りに渦巻く竜巻のように、私たちに栄養を与え、癒し、浄化します。

●偉大なる中心の太陽の純粋なエネルギーが地球に降り注いでいると想像してみましょう。新たな調和が生まれ、私たち全員に健康的な統合のリズムがもたらされます。

●社会、教育、政治、経済、環境、さらにはスピリチュアルな面での新たなオペレーション・システムが、銀河の中心のハートを通じて、そうした新しいシステムを受け入れ喜んで実行できるすべての人々のハートにダウンロードされていると想像してみてください。

●私たち全員がこうした明確な意図を維持しており、そしてそれに真摯に注目しているすべての人が再調整され、プログラミングしたばかりのすべてにつながっていると想像してみましょう。

●「完璧で新しい地球のテンプレートのトップダウンの読み込みを、すべてに、いますぐ！
完璧で新しい地球のテンプレートのトップダウンの読み込みを、すべてに、いますぐ！

完璧で新しい地球のテンプレートのトップダウンの読み込みを、すべてに、いますぐ！」

こうしたコードに量子フィールドの知性が完璧に応える様子を想像してみましょう！

●これですべてが整ったので、しばらくの間、沈黙して一緒に瞑想しましょう。あなたの心からの祈りと意図を加えても結構です。

●3分間、沈黙しましょう。

●最後に、私たちの地球と、これにオープンな地上のすべての存在が、いま、この完全に統一された表現の新たな次元に、簡単に恩寵を持って楽しく流入する様子を想像しましょう。

●次の言葉でこの祈りを終えます。

「私たちはいま、こうしたコードと意図がより偉大な利益となるように実現するための完璧なサポートを、すべてのガイド、天使の守護者、そして光の存在の友人たちに求めます！ そうなりますように！ そうなりますように！ そうなりますように！」

今週のエクササイズ

●私たちは形を持った神である、と言う人もいます。1週間じゅう、すべてのなかに神を探し、すべてのなかに善を見出せるように訓練し続けましょう。それには、あなた自身のなかに神を見出すことも含みます。

●さらに、可能なら1週間に1日は、沈黙して自分の考えに気づくことができる時間を持ちましょう。

もはや自分の役に立たなくなったと感じる思考パターンが浮かんだら、それが浮かぶのをゆるしながら分析はせずに、ただあなたが完璧な現実に生きられるように啓発してくれる思考パターンに置き換えましょう。

最後にあなたの気分を高揚させ、ハートに触れ、オープンにし、そして栄養をくれるような歌をひとつふたつ歌って、このエクササイズを修了しましょう。

THE LUSCIOUS LIFESTYLES PROGRAM

EMBASSY OF PEACE

... A lifestyle Program for Health,Happiness & Harmony...

第 6 週

栄養の選択

第6週　栄養の選択について

軽い食事、ベーガン、ビーガン、ローフードの利点に加えて、栄養記録とプラーナ燃料について洞察します。

――より軽い食事は、8つのライフスタイル・ポイントのパート4。

第6週では多くの洞察、事実と研究結果を紹介しますが、『Forks Over Knives（フォークス・オーバー・ナイブズ～いのちを救う食卓革命）』という素晴らしい映画もぜひご覧ください。**快適なライフスタイル・プログラム**のこの側面に関わる情報が楽しく学べます！

では、詩による洞察からはじめましょう。

栄養の選択についてのポエム

より軽い食事をと、一部の人は求めるでしょう。

病気の火花から私たちを解放するために。
野菜、果物、穀物からなる、より軽い食事、
プラーナのゲームをする前に。
より軽い食事は私たちにとって、そして
私たちの落下を受けとめてくれるガイアにとってはよいことです。
今日、彼女の資源をより賢く使うために、
十分に健康で長寿を全うできるように。
より軽い食事で私たちのマインドは自由になり、
よりクリエイティブになり、思いやりが持てるようになり、親切になります。
そう、より軽い食事は1年を通して素晴らしいものであり、
私たちの体にとても深い恵みを感じさせてくれるのです。

より軽い食事について――8つのライフスタイル・ポイント、パート4

この項では、栄養の選択と私たちの選択が私たちと私たちの世界に与える影響について見ていきます。**快適なライフスタイル・プログラム**のなかの、健康のための栄養と惑星の調和、つまり長期的な資源の持続可能性についての側面に関するものです。

ですから、冒頭のポエムで推奨したように、ベジタリアンの食事療法をおすすめします。すでにベジタリアンである場合は、ただ食事をより軽くし、生命力に満ちた食べ物をどんどん食べてください。ビーガンやローフードに移行することを試みてもよいでしょう。これは仏陀により**快適なライフスタイル・プログラム**に付け加えられたものです。

エピソード

数年前、インド南部のハイデラバード郊外にあるピラミッドを訪れた時のことです。私は地元の村に連れていかれ、そこで何人かの村人と会い、時間を過ごしました。

私はかねてより、インドじゅうの学校や村で菜食をすすめているインド人グループと関わりを持っており、簡単な瞑想のテクニックを教えていました。その日に訪問するように頼まれた村も、そのひとつでした。

毎日の瞑想と肉のない食事を取り入れた人々、特に男性の変化は非常に劇的でした。私たちがある男女に出会った時、女性の目は涙でいっぱいで、瞑想と菜食が彼らの人生の質にもたらした違いに対する愛と感謝の気持ちで輝いていました。男性はアルコールを飲んで攻撃的になる代わりに、瞑想し、穏やかでより気づきを増したのです。女性は、以前より彼と一緒に過ごしやすくなり、この習慣をはじめた村のすべての人と同じように、はるかに健康で幸せになりました。

この光景を目撃したことは、私にとってもとても素晴らしい体験でした。瞑想と菜食というふたつの単純なことが、多くの人の結婚生活や村の生活全般を完全に変えたことを、決して忘れません。

菜食についての事実と利点

では、私たちの健康と私たちの環境に関する、菜食主義の食事療法の基本的な事実と利点について見ていきましょう。

菜食は、私たちを優しさと思いやりのフィールドに同調させ、健康を改善へと導き、世界の資源の枯渇を減らします。野菜や穀物に比べて、動物性食品を食卓に出すには20倍の資源が必要なのです。

また、ローフード・ネットワークのデイヴィッド・ウォルフによる調査で得られた左記の統計*によってすでに証明されているように、菜食は私たちの健康にとってもはるかに優れた結果をもたらします。

●平均的なアメリカ人男性の心臓発作による死亡リスク……50％
●平均的なアメリカ人の純粋なベジタリアンの心臓発作による死亡のリスク……４％
●平均的なアメリカのローフード実践者の心臓発作による死亡リスク……０％
●菜食によってある程度の予防、改善、さらには治癒が見込める病気……心臓病、脳卒中、骨粗鬆症、腎臓結石、乳がん、結腸がん、前立腺がん、膵臓がん、卵巣がん、子宮頸がん、胃がん、子宮内膜がん、糖尿病、低血糖症、腎臓病、消化性潰瘍、便秘、痔核、裂孔ヘルニア、憩室症、肥満、胆石、高血圧、喘息、過敏性結腸症候群、その他多数
●肉食のアメリカ人の母親の母乳にかなりのＤＤＴ**が含まれている割合……99％
●ベジタリアのアメリカ人の母乳にかなりのＤＤＴが含まれている割合……８％
●ベジタリアンの母親の母乳中の農薬汚染と比較した、肉食の母親の母乳中の相対的な農薬汚染度……35倍
●肉食１人あたりを養うのに必要な土地の量で養うことができる、純粋なベジタリアンの数……20人（純粋なローフードのベジタリアンの場合、約１５０人）

●今年飢えて死ぬ人の数……6000万人
●アメリカ人が肉の摂取量を10％減らすことで節約できる穀物によって、十分な栄養が摂取できる人の数……6000万人

＊本統計は英語原文（既版本）に準じて翻訳しており、最新の公表統計とは異なる場合があります（2022年1月現在）。
＊＊DDT……dichlorodiphenyltrichloroethane（ジクロロジフェニルトリクロロエタン）。かつては多くの国で使われていた有機塩素系殺虫剤で、毒性が強い。

ハーヴィー・ダイアモンドによれば、菜食のライフスタイルで「毎年1200万トンの穀物が自由にできる」とのことです。

「たとえ食べ物が自由に利用可能になったとしても、どうにかしてそれを人々に届けなければならない、と言う人がいます。それは事実です。少なくとも彼らがそれを受け取れる可能性はあるでしょう。しかし、すべてが家畜に与えられているのなら、そのチャンスはありません」（ハーヴィー・ダイアモンド）

こうした事実のほとんどは、菜食と肉食の食事を比較していますが、ローフードの食事やベジタリアン、ビーガンの食事とインドのヨギ（ヒンドゥ教の修行者）や気功マスター、その他多くの人々が実践している代替栄養のプラーナ食の違いを比較すると、ふたつの違いはさらに大きいことを覚えておいてください。

菜食主義について最初に注意すべきは、以前にこの食事療法をおこなっていた人々の偉大さです。左記は、歴史的偉人の菜食主義者リストです。このリストは非常に不完全ではあるものの、この食事療法が高質のマインドをもたらすことを示しています。

ピタゴラス、ソクラテス、プラトン、レオナルド・ダ・ヴィンチ、ジョン・ミルトン
アイザック・ニュートン、ヴォルテール、ベンジャミン・フランクリン
パーシー・ビッシュ・シェリー、ソロー、ラルフ・ワルド・エマーソン、レオ・トルストイ
ジョージ・バーナード・ショー、マハトマ・ガンジー、アルベルト・シュヴァイツァー
アルベルト・アインシュタイン

「菜食は健康を改善しますか?」

1960年代以降、科学者たちは肉ベースの食事が心臓病に関連していると疑っています。早くも1961年に米国医師会発行の学術雑誌では、「心臓病の90%は菜食によって予防することができる」と述べていました。それ以来、いくつかの専門的な研究により、タバコとアルコールに続いて、肉を消費することが先進的な西側諸国の最大の死亡原因であることが科学的に示されています。

その理由は単純で、低コレステロールの植物性タンパク質とは対照的に、肉の摂取には過剰な脂肪とコ

レステロールが伴うからです。

がんに関しては、肉を多く食べている25カ国のうち19カ国でがんの発生率が高く、肉をほとんどまたはまったく食べていない35カ国のうち、がんの発生率が高い国はありません。

肉食動物の腸管は体長の3倍と短く、腐敗する有毒な肉を体外へすばやく通過させます。いっぽうで植物性食品は腐敗が遅いため、草食動物の腸管は少なくとも体長の6倍で、人間も同様です。

つまり、草食動物のように長い人間の腸管は肉を消化するのに適していないというのが生物学者や栄養士の見解であり、体に適さない肉食はがんの発生率に関係している可能性があるのです。

もうひとつの問題は、動物を飼育する際に肉に添加される化学物質です。このプロセスは、屠殺《とさつ》前にはじまり、屠殺後も続きます。パッケージに記載されていなくても、肉には間違いなく化学物質が存在します。

アメリカ栄養士協会によると、人類の歴史において、人類のほとんどはベジタリアンかそれに近い食事で生活してきました。世界の多くはいまでもそうで、先進国でさえ、肉食が広まったのは冷蔵庫が発明されたわずか１００年前のことです。

人体は肉を食べるようにできておらず、うまく対処することもできない、というのが事実なのです。20年前にはタンパク質の理想的な1日摂取量は１５０グラムでしたが、現在では30グラムに減らされています。肉ベースの食事に含まれる過剰なタンパク質は、無駄であるだけでなく、実際には非常に有害です。

体内で生成されない8つのアミノ酸はバランスのとれた肉と乳製品の食事からしか得られない、という長年の見解が正しくないことがいまでは確立されており、実際、この点ではバランスのとれた菜食が理想的です。

肉食動物と草食動物の違いはとても顕著です。人間と肉食動物の最も明らかな違いのひとつは、肉食動物の胃酸は人間の10倍強で、それが肉の消化を可能にしていることです。

もちろん、すでに述べたように、人間の腸管は肉食動物の2倍の長さであり、体の大きさに比べて長いことも肉の消化に影響しているといえます。

もうひとつの重要な点は、飢えている人々がいるという不平等は、西側の先進国が現在の肉食をやめれば簡単に解決できるという事実です。

米国農務省の統計によると、16ポンド（1ポンドは約0・45キログラム）の穀物を与えた牛から得られる肉はわずか1ポンドです。また、アメリカで生産される穀物の90％が家畜（牛、豚、羊、鶏）に与えられ、それが夕食の席にたどり着くとの報告もあります。

よい例は、8オンス（1オンスは約0・03キログラム）のステーキを食べるために座っている人1人が、250ccカップいっぱいの調理済み穀物を持って座っている50人に相当するということです。

事実、平均的なヨーロッパやアメリカの肉食者は、開発途上国の人の5倍の食料資源を使用しています。

肉の生産量をわずか10％減らすだけで、6000万人を養うのに十分な穀物が自由になると推定されています。

水の消費量も過剰です。1ポンドの小麦は60ガロン（1ガロンは約3・79リットル）の水しか必要としないのに対し、1ポンドの肉の生産には約2500ガロンの水が必要だからです。

食肉用の家畜の繁殖と準備に関わる倫理は、思考力を持つほとんどの人々には受け入れがたいものです。彼らが自分の飼育する動物を殺す必要があるなら、もちろん、肉食を続けることについて深く再考をすることでしょう。

マハトマ・ガンジーは、「スピリチュアルな進歩を望むなら、ある段階で、私たちは肉体的欲求を満たすために仲間の生きものを殺すことをやめるべきだと私は感じています」と述べました。

肉の消費は、資源や耕作可能な土地利用の不正な配分の大きな要因であり、現在の肉の消費者が菜食に変更すれば、そのライフスタイルの変化によって自動的に余剰が生まれ、耕作可能な土地の量の減少と人口の増加という問題を解決できるでしょう。

社会は少数の利益のためだけでなく、全体の利益のために進化し続けなければなりません。

タイプライターは優れた利点を提供するコンピュータの登場によって不要となり、馬と馬車はたちまち自動車に取って代わられました。人が馬に乗って郵便物を配達していたころから、私たちは長い道のりを歩んできました。いま、私たちには電子メールがあります。

食事の選択に関してこれまでに述べてきたことを考えれば、肉の消費は、馬に乗って郵便を配達するようなものだと私は思っています。

いっぽう、より軽いプラーナの栄養での生活は電子メールのようなもので、仲介人の必要もない、単純によりよい技術です。

ハーヴィー・ダイアモンドによると、米国科学アカデミー、全米技術アカデミー、全米医学アカデミーの学長は共同で「地球環境の変化は、次の世紀の最も差し迫った国際問題になりかねないと考えています」と述べました。それは今世紀を意味します。

彼らはまた、次のように述べています。

「消費者のために毎日1600万頭の動物を売るための生産、飼育、屠殺と輸送は大事業で、そのような作業目標を達成するために必要な資源は莫大であり、結果として生じる環境への影響は壊滅的です」

つまり、非常に多くの事実と数字が証明しているのです！

さらに、私たち全員に十分な情報を提供してくれる役に立つDVDもあるので、購入またはレンタルして観ることをおすすめします。

生ジュースの力

体を解毒したり、健康をすばやく回復させる必要がある方は、ジョー・クロス監督／主演の素晴らしいドキュメンタリー映画『Fat,Sick & Nearly Dead（デブで、病気で、死にそう）』で、生ジュースのパワーをご覧ください。

100ポンドの体重超過で、ステロイド過剰で、衰弱を招く自己免疫疾患に苦しんでいるジョー・クロスは、すがりつくロープの端、希望も尽き果てていました。健康を取り戻すことを使命とした彼を記録した、感動的な映画です。

参考：アマゾン・プライム（英語） https：//www.amazon.com/dp/B0744PVLKQ

食卓革命

長編映画『Forks Over Knives（フォークス・オーバー・ナイブズ～いのちを救う食卓革命）』は、動物性食品や加工食品を拒否することで、私たちを苦しめている変性疾患のすべてではないにしても、ほとんどをコントロールまたは回復できるという深遠な主張を検証しています。

参考：予告編　https：//www.youtube.com/watch?v=O7ijukNzlUg

オンラインレンタル（英語）　http：//www.forksoverknives.com/rentonline/

動物の平等

最もパワフルで驚くべきスピーチのひとつが聞けます。フィリップ・ウォーレンは、動物の苦しみについてのこの議論で歴史に名を残しました。

参考：Animal Equality（facebook）　https：//www.facebook.com/photo.php?v=10151968929414077&set=vb.220873174076&type=2&theater

コーディング――明晰さ、意志、意図を通して、私たちの肉体的、感情的、スピリチュアルな飢餓のバランスをとり、調和させる

この三次元の二元性に基づく世界の多くをすでに経験した私たちの多くが、平和と調和が自然なリズムである領域に移行することを切望しています。ですから、私たちが維持できる明確な意図のひとつは、私たちの完全な生体システムはすべての人間を飢えから解放し、調和のとれた方法でそれをおこなえるように設計されているとする、４つの命令のプログラミングです。

命令のプログラム

瞑想してから、心からの意図を持って唱えましょう。

①私は自分の肉体の知性を愛し、尊敬し、認識しています。敬意を持って、私は本質の存在として、自分の肉体に、最善と健康のためにどんな方法でも自分自身を養う許可をいま、与えます。体よ。必要に応じて、プラーナの本質としての宇宙のマイクロフード、または食べ物、またはその両方から自分自身を養ってください！

②私は私の感情体のエネルギー・システムの知性を尊び、認識しています。敬意を持って、私は本質の存在として、感情的な健康と幸福を達成し維持するために、必要な方法で自分自身を養うことを感情体にいま、許可します！

③私は私の精神体のエネルギー・システムの知性を尊び、認識しています。敬意を持って、私は本質の存在として、自分自身を適切に養うことを精神体にいま、許可します！

④この肉体、感情体、精神体の栄養補給の最終結果として、私はいま、自分自身のなかで、そしてすべての生命との健康、幸福、調和のリズムで存在します！

そうなります！　そうなります！　そうなります！

この純粋で明確な意図の命令により、体は通常の摂食パターンを超えて動き、私たちの本質の生来のリズムである健康、幸福、調和に、生活のリズムを合わせます。

私たちが愛の呼吸の瞑想法で使用する「**私は愛、私は無限、私は永遠**」という明確な命令でさえ、私たちの内なるキリスト性の本質の特徴であるため、私たちを純粋な本質の特質にすばやく同調させられます。

ここでいうキリストという言葉は、純粋な愛の存在を意味します。

食事療法

食事療法の推奨事項は次のとおりです。

- ●できるだけ生きている食べ物、生命力の高い有機食品、できればローフードを食べましょう。
- ●実験——食事を清潔でグリーンに保ちましょう。
- ●食べる量を減らしましょう——通常1日に3食とる人は2食または1食にするなどして食べる量を減らしてみて、体の変化を感じましょう。
- ●70％のローフードと30％の調理済みの食事があなたによいこともあります。そのうちにローフードがあなたに適するようになるかもしれません。
- ●肉が好きなら、週に1～2回だけ食べるよう試してみましょう。健康と惑星の資源のためにおこなうのだと決意しましょう。
- ●新鮮な生野菜のジュースだけの断食を一度に10日間以上おこなって、体をきれいにしましょう。
- ●健康のために、あなたのシステムをアルカリ性に保ちましょう。

「肉食」から「プラーナ食」へ

ステップ・バイ・ステップで「肉→ベジタリアン→ビーガン→果物→宇宙のマイクロ燃料システムであるプラーナ」へと移行しましょう。

●これは、赤身の肉の摂取をすぐにやめることを意味します。

●その後、3～6カ月ほどでそれに慣れたら、ほかのすべての動物やシーフードの摂取をやめます。

●「肉も鶏肉も魚も食べない」食事に慣れたら、つまり顔がついている生きものを食べなくなったら、次にチーズ、卵、バター、はちみつ（蜂の体内で蓄えられ、蜂の体液などによって生成される）など、ほかのすべての動物由来製品の摂取をやめてビーガンになりましょう。

●もちろん、そのままにすることもできますが、あなたにその気があれば、さらにそれに慣れたら、ローフードのみ、次にフルーツのみ、最後は水やハーブティーとプラーナなどの軽い液体のみに移行することもできます。

あなたのいまの食習慣やプラーナの割合によっては、この変換プロセスには最大5年かかるかもしれません。

●ゆっくりと移行すればするほど、感情的な調整もあなたの生体システム全体の解毒もしやすいでしょう。食事の移行を徐々におこなうほど、さまざまな食品を食べることで得られる喜びに対する感情体の依存を簡単に手放せます。

●菜食は通常、優しさと思いやりの波動に同調した人がとる自然な選択です。特に、代替の選択について十分に教育を受けており、もう生命の虐殺を支持しないという意識的な決定を下した場合はそうです。

●健康だけに興味がある人、ローフードを試したり、果物だけの食事を試したりする人にとっても、体がきれいで軽いほど、すべてのレベルで気分がよくなるため、生体システムにとってとても有益です。ただし、果物だけで一定期間生活する場合は、完全な8つのライフスタイル・ポイントによる**快適なライフスタイル・プログラム**と追加のプログラミングのコードで実行できるすべての栄養素を受け取るために、気、プラーナの流れを増やす必要があります。

プラーナの栄養の詳細については、拙著『Pranic People, Pranic Living（プラーナの人々、プラーナの生活）』をお読みください。

ベルギーにいる私の友人のヨガ講師は、洗練されれば食べる必要がなくなることについて彼が話しはじめるまで、彼の新たな生徒はベジタリアンになることにかなり抵抗したと教えてくれました。

生徒たちは、「まったく食べないのですか？　冗談でしょう！」と言いました。

それに対して彼は、「では、単にベジタリアンになることはできるでしょう？」と言いました。

生徒たちは皆、こう言いました。

「素晴らしい！　それなら問題ありません！」

すべては相対的なのです。

追加または代替の栄養の流れとしての宇宙のマイクロ燃料、プラーナ

プラーナ暮らしは食事療法ではありません。それは個人レベルとグローバル・レベルのどちらにおいても、より洗練された進化の道への次元上昇です！

私たちは広大な多次元の存在として、生命のマトリックス（基盤構造）全体でシャンパンのように絶えず泡立つ栄養源（プラーナ、気）に無制限にアクセスできます。このプラーナの流れは、私たちの創造物をつなぎ、私たちの顕現を助けて、私たちの生活により多くの恩寵をもたらすための一種の接着剤の役目をします。

瞑想により、私たちは内なる沈黙の奥深くに行き、あらゆる形態のこのプラーナの流れを発見し、体験できます。それにフォーカスして没頭すれば、自分自身が次元上昇し、変革するのがわかります。私たち個人の内外にある気の流れを増やすことで、私たちの世界のすべての飢餓を取り除き、世界的な調和と永続的な平和の状態をもたらすことができます。私たちはこれを、平和の道として提供するのです。

プラーナ、気、レイキでいう普遍的な生命力の根底にある振動、つまり基本の波動は純粋な愛と光で、それらが私たちの生命システムに溢れ出ると、私たちの内にある同じものの放出を刺激します。これらが、肉体的、感情的、精神的に、スピリチュアルな面で私たちを支え、養える波動です。

プラーナ暮らしとは、私たちのライフスタイルを通じてこの純粋な内なる源と一致することによって、私たちの本質が私たちに与えてくれるすべての恵みを受け取ることです。これは、必要に応じて自分を愛し、癒し、導き、さらには栄養を与えてくれる能力にオープンになることを意味します。

実用的なレベルでは、無限の神聖な本質の内なる資源にさらに依存することで、世界の食料資源への依存を減らすことができます。

私たちの本質の特質は、生来、見えないものを見て聞いて感じられる超能力を備えています。プラーナ暮らしでは、私たち自身の本質の特質が非常に浸透しているため、これらすべての恵みが自然に私たちに届きます。

繰り返しになりますが、映画『Forks Over Knives（フォークス・オーバー・ナイブズ～いのちを救う食卓革命）』をご覧になれば、肉や乳製品をベースにした食事が私たちの世界の病気の増加に及ぼす影響についての研究結果の情報がよく理解できます。

あなたのハートに触れ、ハートをオープンにして養い、気分を高揚させてくれる歌を少なくとも1～2曲歌って、終わりにしましょう。

第7週

神殿としての体

第7週　神殿としての体について（体を神殿として扱う）

エクササイズ・プログラム、マスター腺に関して洞察します。加えて、内臓を癒すメッセージ瞑想とボディ・ラブ・ツールの起動について考察します。

——神殿としての体は、8つのライフスタイル・ポイントのパート5。

今週は、詩による洞察からはじめましょう。

神殿としての体についてのポエム

私たちの体は神殿のようなものだといわれてきました。
私たちのゴールドの本質をとらえた器。
その奥深くには、キラキラと輝く存在。
それを感じれば、自分の身内であることがわかります。
完璧につくられた体に、いま、戻ります。

いま、再調整します。
私たちに食卓を授けてくれる神に、いま、波長を合わせます。

私たちは見て、聞いて、感じて、触れて、
私たちは匂いを嗅ぎ、呼吸し、時には笑います。
私たちはため息をつき、泣き、歌い、眠ります。
私たちの体が私たちの存在を維持してくれますように。
とても純粋なその館に、いま、棲みます。
神自身の肌の一部であるスピリットとして。
それはさまざまな方法で自己変革を続けます。
癒しにも時間をかけながら、
何か新しいもの、新鮮で偉大なものも切望します。
または単に二元性の仮面から解放されることを求めます。

私たちは、この世に来ては去る繰り返しのなかで、
新しくつくられた体に生まれ、赤ちゃんとして輝き、
気づき、学び、純粋なスピリットを目覚めさせます。
私たちは、愛の深い湖のなかで、体に固定されているのです。

ですから、私たちの体は神殿のようなもの。
神聖な遊び心のある寝床として楽しみましょう。

神殿としての体について——8つのライフスタイル・ポイント、パート5

第7週では、私たちの貴重な本質が棲む神殿として体を扱います。体を神殿として扱うことは、ヒマラヤに棲む不滅のババジによって推奨されたものです。

- 体を神殿として扱うことには、愛に満ちた心身のつながりをつくり出すことも含みます。その理由は、私たちが考え感じることのすべてを、個々の細胞が常に聞いていて、その影響を受けているからです。
- 有毒な思考、有毒な摂食、有毒な感情は、体を破壊し、私たちがこの領域に棲む間に必要とする、自立した自己再生メカニズムを妨げがちです。
- 本当に悟りを開き次元上昇した私たちの資質を収容する神殿であるかのように、愛情深くやさしく、体を扱いましょう。
- エクササイズは私たちの物質的なフィールドを強く保つため、シータ波からデルタ波の領域の波動をより多く引き寄せ、保持し、放射することが可能になります。つまり、私たちはそうした波動のより明確で強力な送り手になるのです。

エクササイズの利点

エクササイズの利点は非常に明白です。私たちのシステムを再生し、強化し、加齢に向けて柔軟性を保つ役に立つのです。

今週の私たちのキーワードは、実験です。また、あなたの習慣を評価し、あなたの習慣がいまでもあなたの役に立つかどうかを確認するために、あなたが毎日おこなうすべてに目を向けましょう。呼吸のテストというツールを利用して、どの習慣があなたにとって最善なのか、どの習慣を手放してこのライフスタイルの実践のためにより多くの時間をつくれるのかを確認してください。

その他、おすすめのエクササイズ

●太極拳、ヨガ、気功、さらにはダンスやウェイト・トレーニングのエクササイズを組み合わせて、あなたの体がよく反応する、自分に合ったエクササイズのプログラムを見つけましょう。これにより、強力でフィットした身体システムが構築できます。あなたが定期的に実践できるようなお好みのエクササイズのプログラムを作成しましょう。

●仲間をつくる――同様に体をフィットさせたいと思っている人と一緒にエクササイズしましょう。仲間と一緒におこなえば定期的なエクササイズのプログラムではるかに大きな成功が収められることが、科学的にも証明されています。

●呼吸のテスト、または体の傾き方をみるテストを利用して、体が求めているエクササイズを見つけます。特に地球のエネルギーが変化している最中ですし、あなたが習慣としてエクササイズのプログラムを実行しているからといって、それがあなたにとっていまも正しいとは限らないのです。

●私たちの思考や感情が私たちの体に与える力の詳細を理解するには、ブルース・リプトン博士の著書『「思考」のすごい力』(PHP研究所)またはディーパック・チョプラ博士のビデオ「Mind-Body Connection(マインドとボディのつながり)」(https://www.youtube.com/watch?v=iNtCDdlz0fE Goldman Sachs 公式 YouTube より)をご参照ください。

体を神殿として扱うということは、体が伝えようとする声を聞くことを学び、あなたがどれだけそれを愛し感謝しているのかを、体に知らせることも意味します。

後ほど「今週のエクササイズ」でボディ・ラブのテクニックを提供しますが、いますぐ実践するなら毎日ボディ・ラブの歌を歌うといった簡単なものでもいいでしょう。自分に合ったメロディで、「私は自分の体を愛し、私の体は私を愛しています」という歌詞で何度も歌います。心から感情を込めて歌い、体の反応を感じてください。体は笑うことや軽快感、歌を歌ってもらうのが大好きです。

私たちの体のマスター腺

脳下垂体が活性化されて紫の光が溢れると、若返りの泉としても知られる甘い味のネクターの生成が増加しはじめます。この液体は古代ヴェーダの経典ではアムリタとして知られており、マインドが眠っている時には非常に少量だけ分泌されますが、スピリットが目覚めると、つまり視床下部に棲むスピリットのマインド、そして松果体と脳下垂体のマスター腺が活性化されるとより高い可能性が開け、アムリタの分泌量が増加して十分パワフルになるため、生命システムを養い、栄養を与え、若く保つことができるといわれています。

アムリタの分泌を増やすテクニック

脳下垂体を刺激し、神聖なアムリタの自然な分泌を増やすテクニックは、ふたつの段階からなるプロセスで、そのテクニックのパート1は、武道を実践する人々の間ではよく知られています。

●パート1：舌先を口蓋の上部（上あご）に軽く置きます。基本的に、これで小周天（気功のエクササイズのひとつ）のように体を通るエネルギーの電磁的な流れがつながります。

●パート2：舌を後方にスライドさせ、最終的には喉の上部、舌の奥でU字型のように垂れ下がっている口蓋垂の下でカールさせることによって、脳下垂体を刺激する必要があります。これをおこなうには、舌の下の筋肉を伸ばして喉の奥に届くようにする必要がありますが、形而上学的ツールの素晴らしい点は、そのパワーがテクニックではなく私たちの意図から生まれることです。

●つまり、舌をこの位置に置くことで脳下垂体を刺激します。より多くのアムリタを分泌するように意図して、毎日舌の先を少し奥にスライドさせると、そうできるのです。

このネクターは忘れられないほど甘い味わいなので、味わえばわかります。脳下垂体を活性化させるため、このテクニックを毎日練習することをおすすめします。これにより、神聖な栄養のチャンネルにアクセスしやすくなり、テレパシーも発達します。

また、あなたの舌がこの位置にあれば、あなた自身の体を若返らせるだけではなく、しゃべることができません。それは世界への素晴らしい贈り物です。これは、職場、車内、入浴中、買い物中、またはあなたが思いつく場所で使用できる便利なツールです。

私たちの脳下垂体と松果体

脳下垂体と松果体は、より高度な通信のためのテレパシーの受信機と送信機でもあります。

脳下垂体と松果体を活性化するために私たちが持っている主なツールは、**快適なライフスタイル・プログラム**という私たちのライフスタイルです。このプログラムの菜食と奉仕の側面は、脳波のアルファ波からシータ波の領域である8ヘルツの「愛、知恵、優しさ、思いやり」の波動を自動的に引き寄せます。

脳下垂体は神聖なアムリタを分泌しますが、松果体はピノリンと呼ばれる物質を分泌します。これはまた、脳をシータ波からデルタ波のゾーンに調整します。脳波がシータ波からデルタ波に活性化されて調整されると、これらの腺は宇宙の伝達ステーションとして機能し、透視と透聴をより多く体験することもできます。

松果体はＤＭＴ（Dimethyltryptamine：ジメチルトリプタミン）も分泌し、このＤＭＴの放射は私たちの右脳の透視活動をより活発にしてくれます。

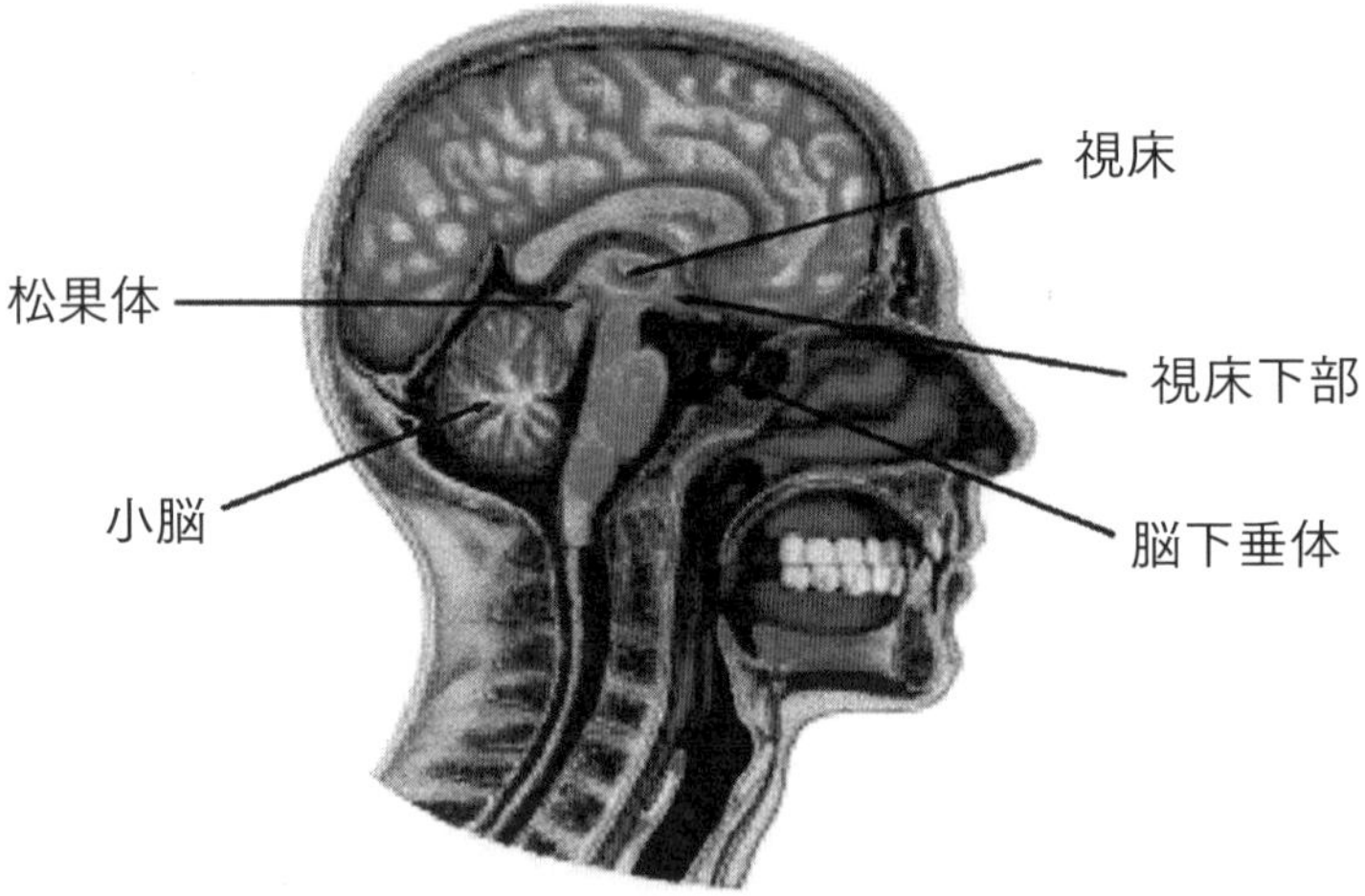

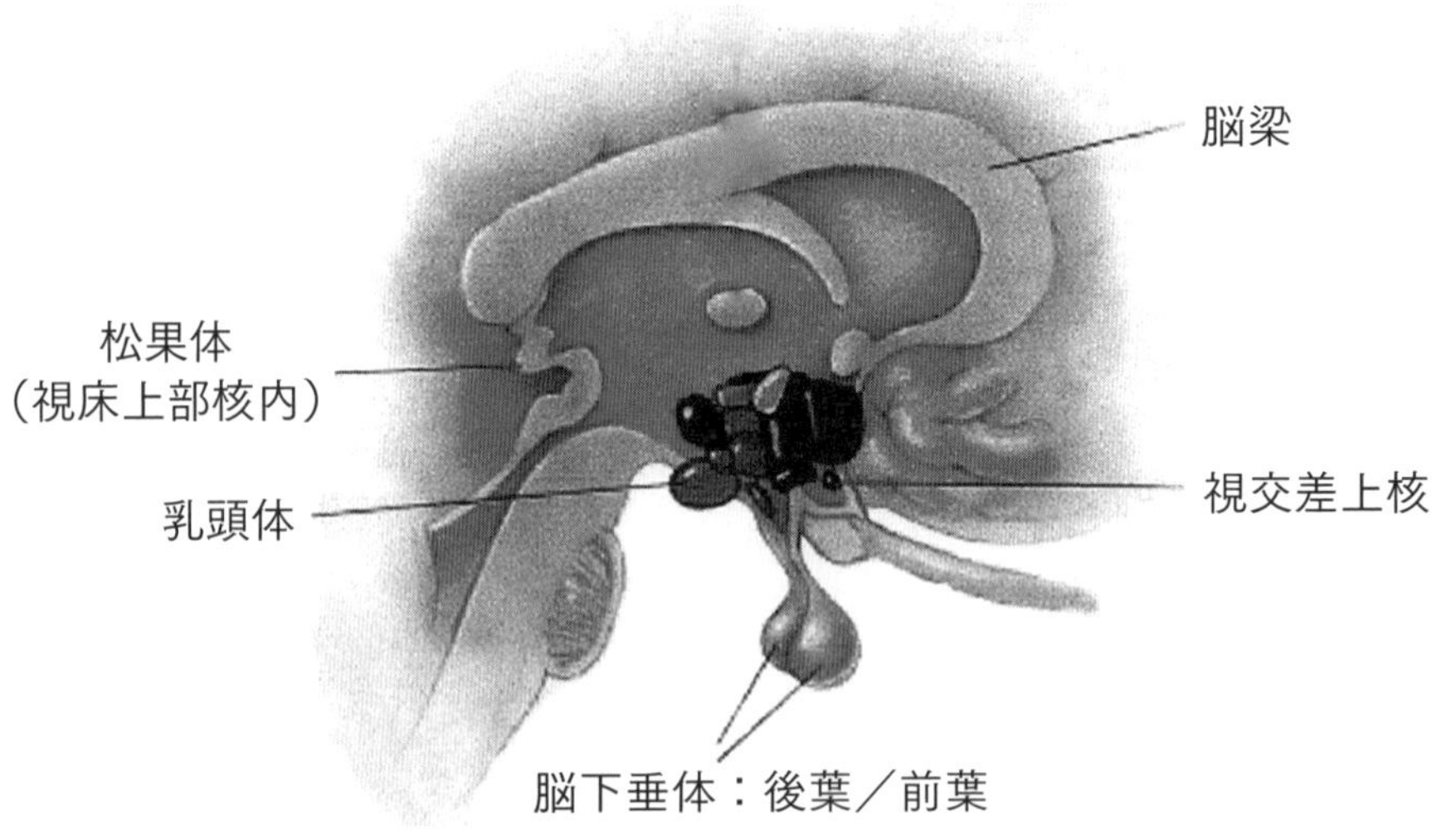

マンタク・チアの小冊子『Darkness Technology（ダークネス・テクノロジー）』より引用

内臓へのメッセージの瞑想

心身のつながりを改善するためにつくられた、内臓へのメッセージの瞑想です。体の声に耳を傾け、内臓から特定のメッセージを受信して、心身の健康と活力を向上させます。

また、紫の光の栄養により各内臓のバランスをとり直し再調整しながら「内なる微笑みの道士のマスター」の修行も実践すれば、内臓と生体システムをシータ波からデルタ波の領域に導き、より意識的で、前向きな心身のコミュニケーションの助けになります。これにより、より意識的で前向きな心身のコミュニケーションの経験への内なる扉も開きます。

肺

●呼吸をゆっくりと深く、穏やかで精妙な息づかいにします。

●沈黙して座り、自分の体のなかにいると想像してください。まるであなたのマインドがあなたをあなたのなかに連れていき、あなたの前にあなたの肺が見えるかのように。

●あなたの肺に向かって大きく微笑み、同時に、想像してみてください。

●あなたの肺があなたの人生を通してあなたのためにしてきた仕事について、自分がどれほど感謝しているかを考えましょう。

肺はあなたが呼吸する空気をろ過し、あなたの周りの大気から気、プラーナの粒子を抽出し、悼みと悲しみの感情を保存して拡散するのを助けているのです。

●創造の源のポイントから直接頭頂部のクラウン・チャクラを通って溢れている純粋な紫色の光の流れが、肺を満たすところを想像しましょう。

●この紫色の光が、もはやあなたの役に立たない肺のすべてのエネルギーを溶かすと想像しましょう。そして、肺に栄養を与え、再生します。

●沈黙の時間を設けて、肺からのメッセージがあるかどうかを感じてください。

●メッセージを受け取ったら、肺に微笑みかけ、心からの愛を溢れさせながら、次のように唱えましょう。

「私はあなたを愛しています、私はあなたを愛しています、私はあなたを愛しています」

「ありがとう、ありがとう、ありがとう」

脳

●次に、脳にフォーカスして、脳に大きく微笑み、同時に、想像してみてください。

●あなたの脳があなたの人生を通してあなたのためにしてきた仕事について、自分がどれほど感謝しているかを考えましょう。

脳は絶えず情報を処理し、人間の脳がするすべての素晴らしいことをおこなっています。

●創造の源のポイントから直接頭頂部のクラウン・チャクラを通って溢れている純粋な紫色の光の流れが、脳を満たすところを想像しましょう。

●この紫色の光が、もはやあなたの役に立たない脳のすべてのエネルギーを溶かすと想像しましょう。

そして、脳に栄養を与え、再生します。

●沈黙の時間を設けて、脳からのメッセージがあるかどうかを感じてください。

●メッセージを受け取ったら、脳に微笑みかけ、心からの愛を溢れさせながら、次のように唱えましょう。
「私はあなたを愛しています、私はあなたを愛しています、私はあなたを愛しています」
「ありがとう、ありがとう、ありがとう」

心臓

●次に、フォーカスをあなたの心臓に移しましょう。あなたの心臓に大きく微笑み、同時に、想像してみてください。
●あなたの心臓があなたの人生を通してあなたのためにしてきた仕事について、あなたがどれほど感謝しているかを考えましょう。
●創造の源のポイントから直接クラウン・チャクラを通って溢れている純粋な紫色の光の流れが、心臓を満たすところを想像しましょう。
●この紫色の光が、もはやあなたの役に立たない心臓のすべてのエネルギーを溶かすと想像しましょう。

そして、心臓に栄養を与え、再生します。

●静かな時間を設けて、心臓からのメッセージがあるかどうかを感じてください。

●メッセージを受け取ったら、心臓に微笑みかけ、心からの愛を溢れさせながら、次のように唱えましょう。

「私はあなたを愛しています、私はあなたを愛しています、私はあなたを愛しています」

「ありがとう、ありがとう、ありがとう」

腎臓

●次に、フォーカスをあなたの腎臓に移しましょう。あなたの腎臓に大きく微笑み、同時に、想像してみてください。

●あなたの腎臓があなたの人生を通してあなたのためにしてきた仕事について、あなたがどれほど感謝しているかを考えましょう。

●創造の源のポイントから直接クラウン・チャクラを通って溢れている純粋な紫色の光の流れが、腎臓を満たすところを想像しましょう。

●この紫色の光が、もはやあなたの役に立たない腎臓のすべてのエネルギーを溶かすと想像しましょう。そして、腎臓に栄養を与え、再生します。

●沈黙の時間を設けて、腎臓からのメッセージがあるかどうかを感じてください。

●メッセージを受け取ったら、腎臓に微笑みかけ、心からの愛を溢れさせながら、次のように唱えましょう。

「私はあなたを愛しています、私はあなたを愛しています、私はあなたを愛しています」

「ありがとう、ありがとう、ありがとう」

肝臓

●次に、フォーカスをあなたの肝臓に移しましょう。何回か深く深呼吸して、あなたの肝臓に大きく微笑み、同時に、想像してみてください。

●あなたの肝臓があなたの人生を通してあなたのためにしてきた仕事について、あなたがどれほど感謝しているかを考えましょう。

●創造の源のポイントから直接クラウン・チャクラを通って溢れている純粋な紫色の光の流れが、肝臓を満たすところを想像しましょう。

●この紫色の光が、もはやあなたの役に立たない肝臓のすべてのエネルギーを溶かすと想像しましょう。そして、肝臓に栄養を与え、再生します。

●沈黙の時間を設けて、肝臓からのメッセージがあるかどうかを感じてください。

●メッセージを受け取ったら、肝臓に微笑みかけ、心からの愛を溢れさせながら、次のように唱えましょう。

「私はあなたを愛しています、私はあなたを愛しています、私はあなたを愛しています」
「ありがとう、ありがとう、ありがとう」

膵臓と脾臓

●次に、フォーカスをあなたの膵臓と脾臓に移しましょう。何回か深く深呼吸して、あなたの膵臓と脾臓に大きく微笑み、同時に、想像してみてください。

●あなたの膵臓と脾臓があなたの人生を通してあなたのためにしてきた仕事について、あなたがどれほど感謝しているかを考えましょう。

●創造の源のポイントから直接クラウン・チャクラを通って溢れている純粋な紫色の光の流れが、膵臓と脾臓を満たすところを想像しましょう。

●この紫色の光が、もはやあなたの役に立たない膵臓と脾臓のすべてのエネルギーを溶かすと想像しましょう。

そして、膵臓と脾臓に栄養を与え、再生します。

●沈黙の時間を設けて、膵臓と脾臓からのメッセージがあるかどうかを感じてください。

●メッセージを受け取ったら、膵臓と脾臓に微笑みかけ、心からの愛を溢れさせながら、次のように唱えましょう。

「私はあなたを愛しています、私はあなたを愛しています、私はあなたを愛しています」

「ありがとう、ありがとう、ありがとう」

性器と生殖器

●次に、フォーカスをあなたの性器と生殖器に移しましょう。何回か深く深呼吸して、あなたの性器と生殖器に大きく微笑み、同時に、想像してみてください。

●あなたの性器と生殖器があなたの人生を通してあなたのためにしてきた仕事について、あなたがどれほど感謝しているかを考えましょう。

●創造の源のポイントから直接クラウン・チャクラを通って溢れている純粋な紫色の光の流れが、性器と生殖器を満たすところを想像しましょう。

●この紫色の光が、もはやあなたの役に立たない性器と生殖器のすべてのエネルギーを溶かすと想像しましょう。

そして、性器と生殖器に栄養を与え、再生します。

●沈黙の時間を設けて、性器と生殖器からのメッセージがあるかどうかを感じてください。

●メッセージを受け取ったら、性器と生殖器に微笑みかけ、心からの愛を溢れさせながら、次のように唱えましょう。

「私はあなたを愛しています、私はあなたを愛しています、私はあなたを愛しています」

「ありがとう、ありがとう、ありがとう」

これらを毎日おこなうと、すぐにあなたの内臓は感謝され愛されていると感じはじめ、**「体よ、いますぐ健康を完璧に！」**という命令と新しいプログラミングのコードを受ければ、さらに迅速に協力します。それは完全な健康のテンプレートが体内の奥深くにあるからです。

今週のエクササイズ

今週の宿題は、ボディ・ラブのツールです。これは、最も純粋な愛の形である、癒しのエネルギーと栄養をより多く受け入れられるように、私たちの原子と細胞の能力を再び拡大する方法です。

●毎日朝晩5分ほどかけて、「体よ、あなたを愛しています。体よ、あなたを愛しています。体よ、**あなたを愛しています**」と真摯に唱え、体に愛していることを伝えます。

●頭からつま先まで、体のあらゆる部分に本当に感謝して誠実に唱えていれば、しばらくして体がうずき、「**本当に？　本当に愛してくれているの？**」と言うようになります。

もちろん、「**はい、そうです！**」と答えましょう。

これは簡単なツールですが、健康で幸福な体としての生物システムの協力を得るために私たちが持っている、最も強力なツールのひとつです。形而上学では、愛はすべての変化と拡大の基盤です。

私たちの本質

第7週を終える前に、地球上の形としての私たちの本質を見ておきましょう。

●私たちの悟りが開けた本質のほんの一滴が、地球上の私たちの体に表現されています。

●本質としての私たちはすべての領域に同時に存在し、体やこの地上の平面に縛られていないため、本質のすべての表現を探索して楽しむことができます。

つまり、私たちは宇宙のすべてのリズムを内包する多次元、多元宇宙に生きる存在です。

●エネルギーのシステムとして、私たちは独特の肉体的、感情的、精神的、スピリチュアルなリズムを持っています。

これらのリズムは、私たちの時間やライフスタイルの過ごし方によって刻々と変化します。

●強くて健康な体をつくることで、この十分に充電された本質のエネルギーをより多く処理することができます。

●私たちの生体システムの全体リズムは、絶えず変化する肉体的、感情的、精神的、スピリチュアルなリズムのミックスです。このブレンドされたリズムが私たちの個人的なエネルギーの特徴です。それが、量子フィールドとＵＦＩ（無限の愛と知性の普遍のフィールド）が私たちに応える方法なのです。

●したがって、私たちの個人的なエネルギーの調和、特質は、共鳴の普遍の法則に従って常に私たちの現実をつくり出しています。

個人としてのエネルギーを完璧にするためのマントラ

「私は健康、幸福、調和のリズムで存在します。

私の存在のすべてのレベルで、私自身のなかで、そしてすべての人生で」


心からの誠意を持って3回唱えます。

宇宙の知性がこれを真実にするためにあなたをサポートしてくれることを信じて。

この真実を創造する助けになる日々のライフスタイルで生きることによっても、普遍的な本質の流れをサポートしてください。

あなたのハートに触れ、ハートをオープンにして養い、気分を高揚させてくれる歌を少なくとも1～2曲歌って、終わりにしましょう。

THE LUSCIOUS LIFESTYLES PROGRAM

EMBASSY OF PEACE

...A lifestyle Program for Health, Happiness & Harmony...

第 **8** 週

無私の奉仕

第8週　無私の奉仕について

あなたの人生の目的や任務を評価するための簡単な瞑想に加えて、豊かな生活と本能的なリズムに目を向け、人間関係を改善する瞑想を紹介します。

——無私の奉仕は、8つのライフスタイル・ポイントのパート6。

今週も、詩による洞察からはじめましょう。

奉仕についてのポエム

奉仕することを光栄に思います。これは事実です。
次元上昇への道で進化する種子。
ここにいて、すべてを知っているのはよいことです。
人生の味を知るために、悟りは呼びかけます。
奉仕することが可能なら、考えずに奉仕しましょう。

その時が来たという以外の動機はいりません。
純粋なハートをオープンにして、愛のリズムに合わせて、
選択の余地がない時には他人に与えて他人を養うために。
思いやりを感じ、また気遣うために、
それぞれの瞬間に奉仕し、また、勇気を持って、
すべてのエゴ、すべての貪欲とプライドを解放するために、
内なる善良さを見て、お互いを抱きしめるために。
そして、私たちは自分のマスターとしての役割を果たします。
遠くからやってくる銀河系の存在、
ここで、この惑星に違いをもたらすために、
真の愛の磁石として団結しましょう。

無私の奉仕について――8つのライフスタイル・ポイント、パート6

私たちがこの人生でできる最大の奉仕は、私たちの神聖な本質の特質を備えて、自分が完璧であること、そしてワンネスを経験し直すことです。そして、できることなら、おまけに他人の人生にも触れ、その人にも自分の完璧性とワンネスを真実として体験させてあげることです。私たち全員が純粋に輝く神聖な存在の実例になる時が来たのです！

愛を実践しましょう。平和を実践し、リラックスして、私たちの存在がこの世界にどのように栄養を与えるかを見てみましょう。

無私の奉仕は、キリストによって推奨されたものです。無私無欲で奉仕すれば、それはまた私たちの人生にも素晴らしい恩寵を引き寄せます。

次に、恩寵についてのいくつかの洞察を示しておきます。

これはとても個人的なことですが、奉仕に際しては、報酬を考えずに毎日誰かのために何か有益なことをすることをおすすめします。

恩寵の流れ

奉仕への誠実な献身により私たちは恩寵の強い波を引き寄せ、世界での奉仕活動がよりたやすく、そして喜びをもって展開できるようになります。たとえば世界の子供たちの食事と教育を支援するなど、価値ある目的のために自由に時間を割けるようになります。

私は毎年故郷で開かれるイベントに、地元のファッションハウスからの最新シーズンの服をランウェイで見せるモデルのチームの一員として参加しています。あらゆる年齢の女性が参加し、シャンパンでランチを楽しみます。これらはすべて、虐待を受けた女性の避難所など価値ある目的のために資金を集める慈善イベントです。

私にとっては、午後の時間を割いて楽しんだ結果、地元の慈善団体を支援する役に立てる特別なイベントなのです。

毎日何らかの形の無私の奉仕をすることで、純粋な愛の脈動の優しさと思いやりの側面に同調し続けられます。そして多くの人にとっては、自分自身について考えるのをやめることが可能だという理由だけで参加した結果、気分をよくすることができるのです。

左記は、ダライ・ラマ法王の著書『ダライ・ラマ　こころの自伝』（春秋社）からの引用（英語版『My

Spiritual Autobiography』より）です。

「私の見解では、スピリチュアリティはマインドを変革させることによって成り立ちます。その変革への最良の方法は、より利他的な考え方に慣れることです。

つまり、倫理はすべての人にとっての世俗的なスピリチュアリティの基礎であり、ある宗教または別の宗教の信者のグループに限られるものではありません。

私が提唱するスピリチュアル革命は宗教的革命ではありません。それは私たち自身に対するのと同様に他人の願望を考慮に入れることを学ぶことであり、私たちの態度の倫理的な方向転換によります。

私が提唱するスピリチュアル革命は、物質的な進歩や技術といった外部条件には依存しません。それは、よりよい人間になるために自分自身を変えたいという深い願望によって動機づけられたもので、内側から生まれるものなのです」

ダライ・ラマ法王は、人権と平和に関する演説では次のようにも述べています。

「世界がひとつのコミュニティになりつつあることがわかりました。

私たちは、人口過多、天然資源の減少、そしてこの地球上での私たちの存在の基盤そのものを脅かす環境危機という深刻な問題に、ともに直面しています。人権、環境保護、より大きな社会的および経済的平等と平和は、いまやすべての存在と相互関連しています。この時代の課題に立ち向かうためには、人類はより大きな普遍的な責任感を育む必要があります。

私たちは皆、自分自身、自分の家族、自分の国のためだけでなく、すべての人類の利益のために働くことを学ばなければなりません。普遍的な責任は、人間の生存の鍵であり、人権と世界平和のための最良の保障です」


現在、地球のシャーマンと形而上学者の多くは、私がリキッド・ユニバースと呼ぶ宇宙に進入しています。より高次なフィールドをスキャンすると、そこには人を阻む障壁はなく、彼らのハートの最も深い渇望の完璧な具現化を止めるものは何もありません。

おそらくこれは、彼らが課題とする奉仕の遂行にたゆまぬ努力を重ねてきた結果、あるいは彼らの純粋な心で地球上で人生を重ねてきた結果として起こったのでしょう。実際にいま起きていることなので、理由は関係ありません。


どういうわけか、多くのフィールドは、私がシャンバラ高速道路と呼ぶものにまとまってきており、多くの人がある程度はアクセスしています。これは、マトリックス（基盤構造）を流れる潮流のように生命を存在させ、それ自身が決めた方向へと導く恩寵の流れです。

これも新しいことではありません。私たちは皆、共創のプロセスにおける自分自身の習熟能力を認識しているからです。

ただし、私たち全員がひとつであり、すべてお互いとつながっているので、同じパラダイムに調整され波動が一致すれば、ほかのユーザーにアクセスできるものにもアクセスできます。

フィールドの反応が制限となることはあります。それはもちろん、創造を推進する本当のジュースは愛であるからです。

私たちが経験し、フィールドに放射する愛が多ければ多いほど、より高いパラダイムの具現化が容易になり、愛が愛に反応するにつれて私たちへのサポートは強まります。

ひと言で言えば、これはすべて、私たちがいま、偉大な愛、知恵とパワーの最も深遠なフォースにアクセスできることを意味します。それが、人類の進化への道へと導き、私たちの最も深い心の渇望を満たし、特別な方向に進ませてくれます。

もちろん、すべては私たちからはじまるのですが、いまでは多くの人が浄化をおこない、神性を示し、次元上昇した資質を受け入れ、愛と恵みのフィールドに棲み、自分の個人的な楽園を体現しています。

では、その次はどうなるのでしょう？

それがすべて終わったら、私たちはここで何をするのでしょうか。

私たちは奉仕します。

申し分がなく、名誉であるように。

愛と知恵を持って、判断せずに、ただ存在し、私たちがしていることに執着することなく、全体の利益のために導かれるままに行動します。

奉仕のための瞑想

ではここで、奉仕のための瞑想を練習しましょう。

●目を閉じて、沈黙し、ゆっくりとした呼吸で、時間をかけて、あなたにとって奉仕とはどういう意味か考えてみましょう。

●数分間、静止して黙想しましょう。

●呼吸をさらにゆっくりにして、直感をオープンにします。次に、沈黙の時間を設けて自分の人生を精察します。心が歌いだし、世界にも役立つ何かができるとしたら、それは何でしょうか。しばらくそれについて瞑想してください。

●何かができない理由をすべて手放し、本当にやりたいことに集中してください。

●数分間、静止して黙想しましょう。

●精察しましょう。それは他人が利用できるものですか？
この世界が必要とし、恩恵を受けられるものでしょうか？
●精察しましょう。家族への責任を果たし続けながら、それを達成するために、どのように人生を変えることができるでしょうか？
どうしたらそうした恵みを自分に与えられるのでしょうか？
●数分間、静止して黙想しましょう。
●また少し時間をとってください。あなたが人生でいま、あなた自身に与えることができる最高の贈り物は何だと直感的に感じますか？
●数分間、静止して黙想しましょう。
●どうしたらそうした自分への恵みを実現できますか？
●数分間、黙想しながら動きを止めて静かにしていましょう。

●また少し時間をとってください。
あなたが人生でいま、あなたの家族に与えることができる最高の恵みは何だと直感的に感じますか？

どのようにそうした家族への恵みを実現できますか？
●数分間沈黙して熟考し続けましょう。
次にゆっくりと目を開け、浮かんだ洞察をメモしましょう。

豊かな暮らしと本能的なリズム

流動的で柔軟でいれば、私たちが直感的に創造のマトリックスと相互作用できる本能的なリズムに導かれることができます。このような生き方は、私たちの多くが1960年代と1970年代に抱いていた「流れに従う」という人生への態度に私たちを連れ戻します。

私たちの内なるエネルギー・フィールドの推進役が明確であるなら、「直感的な本能のリズム」を作動させれば、変化を続けるこの時代の私たちにうまく役立ってくれます。私はこれらの内なるエネルギー・フィールドの推進役を、ベースライン・プログラム（BaseLine Programs：BLP）と呼んでいます。明確なベースライン・プログラムは多くのことを達成し、文字どおり私たちの最も深い夢を実現させる役に立ってくれます。

私たちの最も深い夢が何であるかについて話し合ったり、食べ物や住まいといった日常生活に必須のレベルを超えて、本当に豊かで充実した人生にするための要素を考えてみましょう。そのためにはとても深い洞察が必要です。

人生の豊かさが、私たちが結ぶ絆と人間関係のゲームを通じて得る美徳からもたらされることに、多くの人は同意するでしょう。

人間関係は、私たちが人間関係を振り返って考察する「家族の物語」を含み、その理由に関する非常に多くの物語や見解で満たされています。ここでは、私たちの人生経験を決定するパターンと見解を見つけます。それは恋人との関係であるかもしれません。社会との関係、食べ物との関係、神との関係、子供との関係、両親や兄弟との関係かもしれません。

私たちが提供する瞑想のひとつは、人間関係を改善するための瞑想と呼ばれます。これは、私たちが別のレベルで関係し合う方法を選ぶことにより、家族、友人、コミュニティに奉仕する素晴らしい方法です。

第2週「調和について」では、ダウ・マッチ、本質とつながるテクニックを紹介しました。第8週では最後に、人間関係を改善するための瞑想の台本を紹介します。それを読んで録音するか、iTunesからダウンロードすることもできます。

私たち一人ひとりには、人生の分野で伝え、織り、追加し、分かち合うべきとても多くの物語があります。私たちのすべての物語とそれらが持つ感情は、エネルギー・フィールドを制限するか成長させ、強化するか停滞させます。

数多の物語が、人生の豊かさを体験したいという願望によって動かされているのです。

では、人間関係を改善するためのより深い瞑想を楽しむ前に、あなたへの質問でプログラムのこの部分を修了します。

あなたへの質問――「本当に豊かになる」とは？

- ●心の豊かさですか？
- ●愛の豊かさですか？　それとも人生における報酬の豊かさですか？
- ●富、または健康、または明快さ、ビジョン、洞察に富むことですか？
- ●友達、ライフスタイル、選択の豊かさですか？
- ●物事の意味がわかる瞬間、栄光の瞬間、または平和の瞬間に富むことですか？
- ●カラフルな思い出や、活気に満ちた過去に富むことですか？
- ●約束された将来の豊かさですか？　それともいま手に入れた賞金の豊かさですか？
- ●理解に富み、賢明さが含まれる真実の豊かさですか？
- ●先見性や勇気に富むことですか？
- ●真実の洞察力に富むことですか？

●何が純粋であるかを感知し、より深い知識に富むことですか？
●誤解を超越して豊かで、新旧の知識に富むことですか？
●愛の存在のフィールドで豊かなことですか？
●つながりが豊かで、理性に富み、純粋な燃料の流れが豊かなことですか？
●壮大なビジョンと夢に富むことですか？
●魅力的で新たな道が豊かなことですか？　愛の真実のリズムが豊かなことですか？
●真新しい感情が豊かで、与えられたフレーバーが豊かで、より甘い見方が豊かなことですか？

人によっては豊かな人生とは、テーブルの上に食べ物があり、夜に頭を休めるのに安全な場所があることです。あるいはほかの人にとっての豊かな人生とは、愛する喜びや面白い洞察の楽しさを提供してくれるものです。

豊かさは、私たちが二元性の性質を持つ世界に存在する時には常にそうであるように、個人にとっても集団にとっても、非常に多くの形で私たち全員にもたらされます。

私たちがワンネスのゲームを探す時、ほかのレベルの豊かさが私たちの周りに広がります。

これは私たちの宇宙の友人が現れる場所で、私たちにとって魅惑的な方法でサポート・システムが明らかにされます。そこでは、流れは容易で、学習と交換は楽しく、混ざり合うことで私たちの夢を実現します。私たちは賞賛と畏敬の念に満ちて息を吹き返すのです。

そして次は？
それを夢見ることができる人ならわかります。
あなた自身、あるいはあなたの子供たちのために、あなたはどんな未来を望んでいますか？
最高のパラダイムに同調しましょう。

英国の政治家で作家のベンジャミン・ディズレーリは、「他人のためにできる最大のことは、自分の富を分かち合うだけでなく、その人自身の富を本人に明らかにしてあげることです」と述べています。

さあ、快適な状態で人間関係を改善させる瞑想をしましょう。

人間関係のネットワークをアップグレードする瞑想

私たちが感じ、共有し、互いにつながる能力を持って、私たちの存在のすべての部分、特に私たちの人間性を愛するように導かれている間に、私たちは時々、地球上の生命を常に大事にしてはいないエネルギーのパターンを拾うことがあります。

おそらく私たちは常にお互いを強くするような方法ではつながっていないのですが、次の瞑想は、この世界だけでなく、すべての多元宇宙を通して、私たちの関係の周りのエネルギー・フィールドを再パターン化するようにデザインされています。

私たちのエネルギーは私たちが調整している脈管に応じて、はるか遠くまで、広域に反響できるのです。

私たちが純粋な自己のベースライン・エッセンスの波動にさらに調整し、その純粋で悟りを開いた資質により私たちがこの世界で自分たちを通してよりパワフルに脈動できるようになるにつれて、ほかの領域のほかの波動のパターンへの扉が自然に開かれるようになります。それは、私たちの本質の特質は多次元だからです。

ですから、この瞑想の流れに入る際には、今日のすべての人間関係にあなたのハートとマインドをオープンにして、より相互に有益な交流のパターンに微調整できるようにしましょう。

快適な場所を見つけて、携帯電話の電源をオフにして、あなたをリラックスさせる好みのバックグラウンド・ミュージックを聴きながら、さあ、私と一緒にこの旅をはじめましょう。

ステップ①

●呼吸のリズムを遅くしはじめます……深呼吸しましょう。
そうすることで、私たちの内外のより微細なエネルギーの流れにオープンになれます。

●深く、穏やかで、ゆっくりとした、微細な呼吸……川のように穏やかに息を吸い込み、息を吐きます。

●この瞑想を通してもたらされるサウンドスケープ（音の環境）が、私たちの内外のエネルギーの扉を開き、私たちのエネルギーのパターンも再調和させてくれます。

●深くゆっくりとした呼吸……呼吸のリズムを遅くしながら、いま私たちに最適で完璧な新しいハーモニックを受け取るための完璧な瞑想の旅に出られるように求めます。

明確な意図を持ちましょう。真の統一意識を体験させてくれる、より洗練されたリズム、それが私たちの明確な意図です。

●深呼吸します。または、私たちが愛し、知っている人々とより愛情を込めて賢く調和するという意図を持ちましょう。

●ゆっくりと深く息を吸い込みましょう。
あなたの祈りは何ですか?
あなたの人間関係にとっての最良の夢は?
あなた自身との関係は?
他人やこの世界との関係……。
微細な息……。

●そしてこの瞑想により私たちの人間関係のエネルギーの流れに一緒にフォーカスする際には、私たちの周りで、さまざまな方法で自分自身を明らかにしてくれる扉が開く様子を想像しましょう。

●ゆっくりとした呼吸……あなたの光の体も、その一部である脈動するエネルギーの流動的なネットワークを感じることができるでしょう。

あなたの光の体を通して、あなたが創造のマトリックスとして持っているつながり……。

●ゆっくりとした微細な息……あなたのマインドの目には、まるで網の目が張り巡らされた巣にいる蜘蛛のように見えるかもしれません。

創造物のなかのすべての生命のエネルギーのパターンのなかで変化するリズムを感じることができるほどあなたは敏感になり、その段階で、あなたは愛と知恵のチャンネルに棲むことを選択し、すべての関係がすべての最高の利益のために機能するようにすることを誓うかもしれません。

●ゆっくりと深呼吸のリズムを楽しみましょう。

ほかの意図の祈りもあるかもしれません。

内なる平和の領域への同調……。

●しかし、あなたはいま、あなたの周りや内なる領域、人々の円のなかの円のなかの円に体現している存在、あなたが最初に源から離れていると感じていたものの、その後のある時点であなたとつながった存在を想像します。

あなたの周りで彼らを感じてください。

●次に、あなたの心の中心から流れ出る神聖な宇宙の愛の純粋なビームを想像してください。それを流してください。

まるであなたの存在のすべての毛穴から中央の太陽のように放射しているような、純粋な愛……。

●各分子と原子があなたの肌から放射され、ただ純粋な愛の輝きを放っています。そうしたすべての分子と原子に感謝します。
あなたはそれらと踊り、多くの時間と空間を超えてそれらと遊び、学び、成長してきました。あなたに挑戦した分子や原子もあれば、支援してくれた分子や原子もあります。

それらがすべてそこにあります。

いまあなた方の間にまだエネルギーの不均衡があるなら、それらはここにたどり着いた分子や原子です。

●私たちはいま、自分自身の新しい表現パターンを主張します……深呼吸しましょう。
この瞬間から、すべての存在とのすべてのエネルギーの交流が神聖な自己から神聖な自己への交流に移行します。

純粋で完全な悟りを開いた私たちの内なる資質が、すべてのエネルギー交流において私たち全員を導くよう意図してそれを求めましょう。

●微細な深呼吸……。

ステップ②

●そしていま、私たちは過去を手放します。あなたから放射されるこの偉大な宇宙の中心の太陽からのエネルギーで、あなたの内なる領域であなたの周りにいるすべての存在を純粋な愛、無条件の愛で満たし、自分が本当はお互いを強められるように関係し合える創造的な存在であるということを忘れていた時代の、すべてのゲームを受容します。

●そして、自分がまるで網の目のような巣の中心に座り波動を送り出す蜘蛛であるかのように、このエネルギーが創造のマトリックスのまさに中心からあなたの光の体を通って流れ続けていると想像しましょう。

●これらがあなたの光の体に落ち着き、再調整して、純粋な無条件の愛があなたの光の体、光の脈管（経絡）、チャクラ、すべての原子、分子、細胞を通して流れ、創造のまさに中心からのこの純粋で無条件の愛であなたをいま、再パターン化できるようにします。

●微細でゆっくりとした呼吸……これらの脈動を受信したら、ゆっくりと深く穏やかに呼吸しましょう。

●そっと息を吐き、再び息を吸います。

●すべてが固定されたつながり、源から振動する純粋で神聖な愛、波のように流れ、マトリックスを移動し、マトリックス内のあなたの位置を通して移動し、純粋な愛であなたの存在全体を清めてくれる様子を想像しましょう。

●フォーカスを維持しましょう……身体構造を再調整し、フィールドに送信するすべての信号を再調整します。
この愛はとても純粋で完璧なので、これらの脈動である愛の波が、あなたの内なる領域であなたの周りにいる存在とのまだ精算し終えていないすべてのカルマからのつながり、すべてのカルマを吸収するほど完璧だと想像します。

すべての未完成のつながり、もはやあなたの役には立たないエネルギーの流れや見えない絆を吸収してくれます。

●あなたにはより偉大なパワーがあります。
この存在のすべてがいま、再構成されていると想像しましょう。

●手放して、均衡がとれた状態に再構成しましょう。

●ゆるし、先へ進みましょう。
そして、新たなサポートのエネルギーのネットワークに再構成しましょう。

●過去は済んだこと……いまあなたに流れているこのエネルギーの波が、あなたのハートのチャクラを通してあなたのオーラのフィールド、あなたの存在のすべての層を通して、内なる次元とすべての次元を通してこの世界に流れていると想像しましょう。

●サポートしてくれるその他のネットワークが多次元で、次元を超えて、そしていまここ、地球の次元でも開きはじめていることを感じましょう。ルネサンス、再生、新たなはじまりの時が来たのです。

●池に小石を投げて波紋が広がった時のような脈動を想像しましょう。愛、栄養、癒し、創造性、相互利益、あなたが必要なすべての源のエネルギーがそこにあります。
この脈動のすべてがあなたから放たれ、再調整し、栄養を与え、再構成していると想像するだけでよいのです。

●「いま私たちは求めます。このパターン、純粋な愛の流れがサポートの完璧なネットワークにつながるように。自分自身、家族、友達、地域社会、国、世界、地球外、多元宇宙、多次元との関係の改善を。すべて完璧なレベルでつながり、私たちが分かち合うすべてにより、常にそうあるべきだったエデンの園、統一意識のフィールドとしての地球で共存できますように……」

●これらの言葉が正しいと感じたら、「そうです、そうです、そうです！」と言ってください。

ステップ③

●愛を吸い込みましょう……すべてがすべての最善のために展開する空間に存在することを想像してください。

●愛を吸い込み、吐き出し、あなたに引き寄せましょう。

●私たちの地球が宇宙の存在として目覚めたと想像しましょう。地球もまた、自分の多次元的な資質に再び調和し、現在の、そして新たなグリッドのほかの惑星系、すべての生命が相互支援、調和、健康のパターンで存在する五次元以上の意識、統一意識につながっています。

●いまそれを感じ、このプロセスを信頼しましょう。完璧なネットワークをいますぐ……。

●そして、少しの間、より深く、ゆっくりと呼吸します。

●感知し、感じましょう。

あなたがマスターであることにフォーカスして、いまここで、地球上で、この世界の人々といるあなたにとって完璧なパターンは何でしょう？

●つながりましょう……さまざまなリズム、フレーバー、それぞれがどのように才能を持っているかを感じることができますか？　肌の色、人種、性別を超越しましょう。

●私たちはひとつです。代わりに、私たちそれぞれの光の体を通して来る純粋な愛の脈動を感じましょう。

本質を感じましょう。私たちの存在により、彼らのハートが望む方法で内なる脈管は再調整されオープンになります。

●ハートでつながりましょう……すべての最善をサポートするように。

●すべての人に栄養を与えましょう。

この愛の光線、灯台のようにあなたのハートからあなたが知っていて愛するすべての人のハートに放射状に流れる純粋な愛を想像しましょう。

今日、地球上で何らかの方法でつながりましょう。

●栄養を与えましょう。光の体の放射レベルでつながるよう想像しましょう。私たちの奥深くにあるベースライン・エッセンスから、より大きな利益に役立つ真の愛と知恵、明晰さと創造性とパワーが発揮できるように。

●私たちが本当に誰であるかにオープンになりましょう。それはとても純粋で、完璧で、賢く、愛情深い存在……。

●こうした言葉を聞きながら、いま、私たちにとって真実であると感じながら、再び心から尋ねてもよいでしょう。深呼吸しましょう。

「これが真実である可能性のあるすべての次元にわたるすべての生命体とのすべての関係がいま微調整されてアップグレードされることを求めます。私たち全員を強める相互利益のある流れに、いますぐ完璧な関係にアップグレード」

●それにオープンになりましょう。
「完璧な関係のアップグレードをいますぐ」
●このつながりを感知しましょう。
「私の最善といまの世界の最善のための完璧な関係」
●これが真実であると感じましょう。
あなたの内外にある内なる領域と外の領域のすべてのドアが量子フィールド内でこうした命令に応えているように、再び想像しましょう。量子フィールド自体がその膜とひもを再配置し、私たちの膜、ひも、DNA、私たちの存在のすべてのレベルで、いま私たちをサポートするエネルギーネットワークとつながれるように。
●統一、調和、健康、新しいパターンが生まれ、私たちの内外で開示されます。
●そして私たちがこの瞑想を終える時には、私たち自身の本質との関係が健康、幸福、調和のリズムに同調し、肉体的、感情的、精神的、スピリチュアルな面で調和して機能できるよう求めましょう。私たちが融合し、それが私たちの心の望みであるなら、悟りを開いた私たちの内なる資質を完全に表現できるように養ってくれる完璧な脈管をいま働かせられるように。

●私たちの存在のすべてのレベルで自分自身と奥深くで結ばれることを求めましょう……ワンネス。そして、いま、私たちが本当に愛する人々との神聖な結びつきも経験できるよう求めてもよいでしょう……ワンネスのタントラ。

●ここで、あなた自身の祈りと呼吸の沈黙の時間を持って修了します。サウンドスケープが私たちをさらに調整できるようにし、これらのトーンに導かれたらそれに従いましょう。

●ゆっくりとした深呼吸で、微細なエネルギーの流れを感じ、いまここにいる私たち全員に最適な最高の関係のパラダイムに同調しましょう。これまでおこなってきたことに感謝し、私たち全員に役立つものを受け入れましょう。そうです、そうです、それは……。

●準備ができたら、ゆっくりと目を開けましょう。

では、次週「8つのライフスタイル・ポイントのパート7」に移る前に、このライフスタイルの要点である、私たちの真の資質である本質への再調整を再認識しましょう。

本質は……

●本質はすべてであり、至高です。
●本質は波の純粋な愛であり、超越的でパワフルです。
●本質は平和の道、前進する方法を保持しています。
●本質は舞台裏を流れ、私たち全員をそれに向けて呼びかけます。
●本質はハートをオープンにして聞くことができる純粋な歌を歌います。
●本質は私たちの真髄から私たちを満たし、放射し、輝きます。
●本質は私たちの魂を通して私たちを養います。それは私たちを大きな驚きで満たします。
●本質は創造の中核であり、賢明な人はその中核から熟考します。

今週のエクササイズ

●時間をかけて、富があなたにとって何を意味するのかを考え、人生で学んだすべてのことからあなたがすでにどれほど豊かな心を持っているかを精察し、それに感謝します。
●人間関係を改善する瞑想をやり直します。今回は、意識と誠意を持ってやり直します。最初に

iPod や iPhone、ボイスレコーダーなどを使って声を録音し、自由に聞くことができるようにしてもよいでしょう。または、iTunes チャンネルから音源をダウンロードしてください。

●時間をかけて自問自答しましょう。自己育成も重要です。今週はどのように自分に奉仕できますか？

●毎朝、目を覚ましたら時間をとり、私たち全員が棲む無限の知性の海に「今日、より大きな善に奉仕するにはどうすればよいでしょう？」と尋ねましょう。

THE LUSCIOUS LIFESTYLES PROGRAM

EMBASSY OF PEACE

... A lifestyle Program for Health, Happiness & Harmony...

第9週

純粋性、沈黙のパワー、自然

第9週　純粋性、沈黙のパワー、自然について

純粋性、沈黙のパワー、自然について、またガイアの歌、自分自身や他人に栄養を与えるための「私はあなたを愛しています」の瞑想について考察します。
——自然のなかで沈黙する時間は、8つのライフスタイル・ポイントのパート7。

今週も、詩による洞察からはじめましょう。

沈黙についてのポエム

自然のなかで、またはどこにいても、
沈黙して、ただ耳を澄まし、星を観察します。
ひとりで、沈黙して、広くオープンになって、
愛の現在の内面を感知し、感じます。
たくさんの美しさを見るために、

自然界で、人間の出す音なしで。
沈黙の証人になるために、いまオープンになりましょう。
すべてがクリアになる沈黙のなかで神の声が聞こえるように。
山が話し、風も話し、
川が話し、鳥が歌います。

メッセージは、速くても遅くても、私たちに届きます。
私たちの沈黙と輝きに応じて。
見るもの、聞くもの、感じるもの、
大切なことがそれはたくさん。
これが沈黙の美しさです。

自然のなかで沈黙して時を過ごすことについて
――8つのライフスタイル・ポイント、パート7

自然のなかで沈黙して時を過ごすことは、アッシジの聖フランチェスコによってこのプログラムに提供されました。平和の使節、愛の外交官、プラーナの人々は、自分たちの環境に配慮しており、すべての生命を愛し、尊敬し、尊重する意図を持っています。

沈黙の時間を持つことで、私たちはより多くの地球のプラーナを吸収でき、前向きな方法で私たちの惑星をより意識できるようになります。自然のなかで沈黙の時を過ごすことにより、私たちは魂を養い、創造の美しさを理解し、より環境に配慮するようになります。

沈黙は信じられないほどの教師であり、私たちがそれぞれの瞬間に完全に存在し続ければ、より微細なエネルギーの領域に関してはるかに多くのことが明らかになります。

私たちに栄養を与えてくれる最も美しいふたつの波動は、思いやりと献身の波動です。純粋でよく調整されたハートの中心は、奉仕の領域でパワフルな次元間サポートを引き寄せてくれます。

聖フランチェスコとの出会いの物語

何年も前に、アッシジの村でアッシジの聖フランチェスコと予期せぬ出会いをしました。彼の遺骨がある教会に足を踏み入れた時のことで、私はそれをよく覚えています。教会は僧侶や観光客でにぎわっていましたが、どういうわけか私はそうあるべきエネルギー空間にいたので、考えも憧れもせずに、見えない次元の扉から引き込まれ、この美しい存在の前にいる自分を発見したのです。

私たちはさまざまなことを語り合いました。聖フランチェスコが私に与えてくれたエクササイズのひとつは、常に私たちの内にある純粋な愛と平和の流れに入るという意図を持って、じっと座って、深い沈黙に入り、呼吸のリズムで遊ぶことでした。そして自分を通してそのエネルギーを放射させ、それが私の周りのすべての動物や鳥の生活にどのように影響するかを見ることでした。

それから私は毎朝のように、オーストラリアの自宅のベランダでこのエクササイズをするようになりました。木々とたくさんの鳥に囲まれた場所だったので、時間の経過とともに、私が放射していたエネルギーに鳥が同調しはじめました。彼らは一羽ずつ、最初は親鳥と幼鳥、そしてたくさんの大きな鳥も次々とやって来て、ベランダのレールにとまって、私が彼らに投影していた愛に応えて私に歌を歌ってくれました。

私の存在から放射されるこの愛の流れを受け取ったように、彼らはまるで自分たちの最高の鳥のさえずり、つまり彼らの声を通して彼らの人生のメロディを私に与えるかのように、甘い反応で歌ってくれたように私は感じました。

この体験はとても美しくて強烈なものでした。ある日、鳥がこれらの放射から受け取った朝食に慣れたことを忘れて、鳥との朝のやりとりの代わりに自分がオフィスでメールをしていることに私は気づきました。それでも鳥たちは忘れておらず、やがて私に「朝食の時間だ！」とでも言うかのように、窓を騒々しくつつき続けました。私は立ち上がって、ベランダのいつもの場所で瞑想するために腰を下ろしました。彼らは皆降りて、また喜んで私に歌を歌ってくれました！

このような鳥や動物、そして自然の元素とのコミュニケーションは、シャーマンやアニマル・コミュニケーターの間では珍しくありません。

異種間コミュニケーターのアンナ・ブレイテンバッハは、メンタルなイメージ、感情、思考を通じて動物に詳細なメッセージを意識的に送信する、異種間コミュニケーションと呼ばれるものに人生を捧げてきました。

過去40年間の瞑想のなかで、私は常に、外界の娯楽から離れて静寂と沈黙の時間を過ごすことは素晴らしいと感じてきました。純粋で完璧な愛にオープンになるからです。純粋で完璧な愛は常に私たちのなかにあり、ただ辛抱強く私たちが注意を向けるのを待っているもので、その愛が、私たちに息を吹き込み、私たちを生かし続けているのです。

私はまた、この40年間で、私の最大の感動、驚き、感謝の気持ちは常にこの愛のフィールドにあること、そしてこの純粋な愛の静かな静止の領域に深く入り込むと、多くの予期せぬ素晴らしいことが起こることを発見しました。大きな思いやりと叡智を持つ人との出会いなど、本当に素晴らしいことが起こるのです。この領域では、それを活かせば人生を変革させ、私たちの心が感謝で満たされるように恩寵で人生を満たしてくれる情報が、深く純粋な真のレベルで届けられます。それが沈黙と静止のパワーです。

母なる自然にもっと同調し、より自然と調和した生活を送ることで、より深く平和なリズムが楽しめます。さらに、砂浜などのビーチ、山、森などの自然のエネルギー・フィールドで時間を過ごしたり、裸足で歩いて直接横たわれば、私たちを癒してくれる自然のパワーが理解できます。

こうした恩恵は映画『Grounded』で明確に示されています。

私たちがすでに認識しているように、先住民は長い間母なる地球の世話人であり、その多くが母なる地球のより自然なリズムと完全に調和して生きています。

ある日、太陽の下で静かに座っていた時に私が母なる地球から受け取った美しい物語を、ここで紹介しておきましょう。それは「ガイアの歌」と呼ばれています。

ガイアの歌

昔々、天の川の宇宙のまんなかに大きな青い惑星があり、そのなかには大きな愛の存在が棲んでいました。その存在はガイアと呼ばれていました。

ガイアはずっと昔から大きな祝福をすべてのものに与えていました。それは、生きものが成長し繁栄するための愛の空間を保持する能力でした。

ガイアは何百万年もの間、純粋に創造者のハートから流れてきた愛のリズムによって彼女の内から呼び出されたものすべてを、愛情を込めてサポートしていました。ガイアが自分自身の存在の要素と分子を提供して、生命を生み出す風景をつくり出すと、すぐにたくさんの山、木、海、川が、彼女のなかから湧き出てきました。

やがて、陸、空、海の生きものもガイアの世界で生まれ、すぐに無数の色や音とチームを組みました。絶え間なく海岸に打ち寄せる波のように時が流れました。生命潮流の循環をしばらく繰り返した後に、新しい生きものが生まれました。ガイアに似た生きものは、愛のリズムを感じ、愛のリズムができるすべてのことを感じるために生まれました。

ガイアはその生きものを人類と呼び、物質的な形だけでなく、彼女が遠い昔に見せられたような創造する能力を彼らに与えました。人類は成長し繁栄し、増殖し、時には賢い創造力を発揮しました。時に人類は、愛のリズムの声を忘れることもありました。創造の忙しさのなかで、もはや彼ら自身の心のなかでそのリズムを感じることができなくなったのです。

時が経つにつれ、人類という創造物は変化し、もはや親切ではなくなりました。多くの人が苦しみ、子供たちは空腹になり、多くの人はより空腹の心を持って地球を歩くようになりました。

ガイアは、我が子である人類が学びの最中であることに気づき、母親のように見守っていました。ガイアには、我が子である彼らの飢えが大きくなり、彼らの創造する世界が暗くなるにつれて彼らのリズムが変化するのが見えました。

ガイアの子供たちは互いに激しい戦争を繰り広げ、愛や貪欲、パワーのゲームを弄ぶいっぽうで、深まる飢えを鎮める方法を再び見つけようとしました。ガイアは、創造主のハートから直接もたらされた愛のリズムだけが、子供たちが求めていた平和を取り戻すことができることを知っていたので、愛情を込めて子供たちにそれを思い出させようとしました。

ガイアは子供たちが森や海岸のなかを静かに歩いたり、山頂で静かに座ったりした時に囁きましたが、彼女の声を聞くのに時間を費やそうとした人は少なく、その声が聞けた人はほとんどいませんでした。

ガイアの世界には、彼女がドリーム・キーパーと呼ぶ古代の人々もいました。自らも世界の間を歩いてきた彼らは、優しく自分の内側から脈動する愛のリズムをいつも感じていました。

ドリーム・キーパーはまた、夢を生き続けさせる夢の織工であり、すべての生命の奥深くから生まれ出る、より純粋なハーモニーを聞くことによって、世界のリズムを変え、その方向を変えることができました。そして、彼らは人類すべてのために夢を見ました。その夢を通して、愛と叡智にオープンな人々にとってのみ物事が再び変化しはじめました。

夢の織工たちは、ガイアのすべてが、そしてガイア自身でさえ、まったく新しい時代に入る予定であることを知っていました。彼らは、「すべての人が常に人生を貫く愛のリズムを再び感じることができる喜びとお祝いの時です」と言いました。

そして彼らは、常に時を刻んでいた新旧の物語を純粋な真実の声で歌いました。自分の内なる愛のリズムを感じることを覚えている夢想家たちの歌に加わって、「あなたはどんな物語を織り込んでいますか？」とガイアは再び呼びかけました。

「物語が世界を巡らせます……」と、ガイアはため息をつきました。

「そして、決して終わることのない循環で巡り、巡り、巡り続けます。ですから、悲しみや痛み、戦争や絶望、喪失、怒りや裏切りの話を手放しなさい」

そして夢想家たちが大声で歌うと、希望と平和、光に満ちた時代の新しい物語が描かれはじめました。それがすべてを大きな喜びとお祝いの新しい時代へと導きます。

「すべてのハートを目覚めさせなさい」

そうした新しい夢が彼女を解放しはじめたので、ガイアはそう歌いました。

もはや時間の循環に縛られることはなく、夢想家たちは立ち上がり、彼女に加わることを求めはじめました。より心で感じはじめ、マインドが拡張して耳を傾けるようになるにつれて、愛のリズムは再び強くなりました。希望と、より高いビジョンへの愛を込めた声の分かち合いで、思いやりの呼びかけを感じた人々により夢が見られ、生き続けました。

「あぁ……」

ガイアはまたもや甘いリズムに感動し、久しぶりにガイアの子供たちの心が満ち足りたことに、ため息をつきました。

「私はあなたを愛しています」の瞑想とは

では、私たちの世界によく栄養を与えてくれる「私はあなたを愛しています」の瞑想を快適におこなえるようにしましょう。

はじめる前に、この瞑想が何をするようにデザインされているのか、そしてなぜそれがとても有益なのかを説明しておきます。

「私はあなたを愛しています」の瞑想とは、身体上の認識を超えて、純粋な愛を世界中に放射する意図を持ち、私たちが送るものと同じような純粋な愛の波としてバイオ・フィードバックの脈動を受け取ることです。

「私はあなたを愛しています」の瞑想は、お互いを強め、栄養を与える素晴らしい方法でもあるのです。

それが私の家族や友人、あるいは情報を求めるためやエネルギーを交流させるために私のエネルギー・フィールドにやって来た人かにはかかわらず、私が出会った人を見つめた時に私が感じるのは、**「私はあなたを愛しています、私はあなたを愛しています、私はあなたを愛しています、私はあなたを愛しています」**だけです。

「私はあなたを愛しています」のマントラと意図は、私が過去40年間深く関わってきた光の存在から、すいぶん前に私に与えられたものです。マントラを得たのは、肉体の神殿に向けた短い瞑想を私たちがしていた時でした。この神殿がとても素晴らしいマシンのようなものであることを理解し、慈しむための瞑想でした。

体の神殿はもちろん、肉体的、感情的、精神的、さらにはエーテル体のエネルギーの流れと脈動として存在しますが、それでも西洋では、この神殿の素晴らしさはほとんど理解されていません。私たちはしばしば、特に女性は、この神殿に批判の目を向け、少し違った働き方や見え方を望みます。体の神殿が痛みを引き起こす可能性のある変化を経験している場合でも、必要なのは時間だけであるにもかかわらず、私たちはごく迅速に治癒または修復したがる傾向があります。

同様に、私たちの世界の誰もが、自分の人生で物事が現実化する理由、教訓、得られた美徳、洞察などを認識するにしたがって、独自の方法と時間で進化しています。私たちは、より啓発された進化のこの次の段階へと旅をするにあたっては、お互いへの無条件の愛の空間を保持していることが非常に重要な時代なのです。

特に私たちが神聖な愛のパワーと私たちの愛の本質、その純粋な愛に合わせて調整すれば、私たちから放射されるものが栄養を与えてくれ、私たちを再構成するだけでなく、それが私たちから放射状に放たれて私たちの周りの世界を再構成します。愛にオープンなすべての人々に触れて栄養を与えるこの愛の法則を理解すれば、この瞑想のパワフルさもわかるでしょう。

それでは、はじめましょう。

ステップ①

●深呼吸を数回おこないます。すべての考えを手放します。いまここでこの瞬間に息を吹き込み、純粋な愛を受け入れられるよう、ハートをオープンにしましょう。

●そして、呼吸のリズムを遅くし、洗練された微細な方法で鼻孔を通して呼吸しながら、あなたがとても純粋で賢明で愛情のある、無限の、永遠の、栄養のある何かに息を吹き込まれていることに注目しましょう。

●私たち全員に息を吹き込むこの神聖な存在を意識することで、この純粋な意識、この無限の意識のほんの一滴がこの身体システムの構造にどのように収容されているか、この領域を経験するためにここにどのようにあるかを感じましょう。

●私たち一人ひとりがこの肉体的、感情的、精神的システムをどのように持っているかを感知するだけで、私たちが神聖な存在であることがわかり、こうしたシステムが提供する感覚を通してこのレベルの密度を体験できるようになります。

●この身体システムがどれほど素晴らしく、2年ごとに完全に変化するかを感じましょう。

●ゆっくりと、穏やかな深呼吸……。

●感情体のシステムの素晴らしさ、それを通して私たちがどのように最も崇高で、最も神聖なエネルギーと感情、そして最低の感情を体験できるか、私たちが望むものをどのように体験できるかについても考えましょう。

●私たちの感情体がどれほど素晴らしいかを知りましょう。いまこれを感じてください。

●ゆっくりとした深呼吸……。

●次に、この精神体の知性と、私たちが選択した現実のモデルを論理と直感で作成する私たちの能力について考えましょう。

●これがどれほど素晴らしいかを感じましょう。

●そして、呼吸を遊び、自分という神聖な存在を収容しているこの生体システムの神殿に愛情を込めて感謝しながら、息を深く、微細に、洗練させます。あなたの生体システムの神殿とその素晴らしさに感謝できますか？

●そして、あなたの核なる神聖な存在として、あなたがこの真の感情、誠実、空間から真に感謝しはじめたら、感情と意味を込めて唱えましょう。
「私はあなたを愛しています。生体システムの神殿よ、私はあなたを愛しています。私はあなたを愛しています。私はあなたを愛しています。私はあなたを愛しています。私はあなたを愛しています。私はあなたを愛しています。私はあなたを愛しています。私はあなたを愛しています。私はあなたを愛しています。私はあなたを愛しています。私はあなたを愛しています。私はあなたを愛しています。私はあなたを愛しています。私はあなたを愛しています。私はあなたを愛しています……」

●これを何度も繰り返し唱え、それに応じて体がぴりぴりするのを感じ、軽くなるまで、できるだけ多くの感謝の気持ちを込めて……。

ステップ②

●次に、あなたの意識をエーテルの層に広げ、あなたの周りに形成されている円を感知しましょう。あなたが知っていて、人生で愛しているすべての人、家族、友人……。

●あなたのハートのチャクラとあなたの光の体から脈動する純粋な愛のエネルギーが波のような動きであなたを通して彼らに届くのを感じられるように、オープンになりましょう。

●ハートのチャクラの光の体から脈動する光線を想像しましょう。こうした愛の光線、光、そして純粋な愛の波が、あなたからあなたを通して、彼らに向かって脈動し、あなたが愛したすべての人、またはあなたが開花して成長し、賢くなり、美徳を獲得することを可能にする何らかの方法であなたの人生に触れたすべての人に対して、あなたが持っているすべての愛と感謝を再び感じましょう。

●内なる領域の円のなかであなたの周りにいるそうしたすべてを感知し、あなたの人生にもたらしたすべてのものに感謝しましょう。たとえそれがあなたに挑戦し、何らかの方法であなたを成長させた人々でもです。

●そして、そうしたすべての人に対して感情を込めて伝えはじめる準備ができたら、唱えましょう。「私はあなたを愛しています。私はあなたを愛しています。私はあなたを愛しています。私はあなたを愛しています。私はあなたを愛しています。私はあなたを愛しています。ありがとう。ありがとう、あなた。ありがとう。私はあなたを愛しています。私はあなたを愛しています。私はあなたを愛しています。私はあなたを愛しています。私はあなたを愛しています。私はあなたのおかげでハートが豊かになりました。私はあなたのおかげで知恵と美徳を手に入れました。私はあなたを愛しています。私はあなたを愛しています。私はあなたを愛しています。私はあなたを愛しています。私はあなたを愛しています。私はあなたを愛しています……」

●あなたの内なる神聖な存在が理解されているかのように、これらすべての関係の全体像を感じ、得られ、与えられた美徳、贈り物を認識し、感謝して、何度も繰り返し唱えましょう。

●こう唱えましょう。

「私はあなたを愛しています。私は神聖な存在として、あなたを愛しています。私はあなたを愛しています。私はあなたを愛しています。私はあなたを愛しています。私はあなたを愛しています。私はあなたを愛しています……」

●次に、あなたのコミュニティ全体にあなたの意識を広げましょう。純粋な愛、平和に生きることを望み純粋な心を持つ人々の存在を感じ、あなたのコミュニティで純粋な愛の交流にオープンなすべての素晴らしい人々を感知し、内なる領域であなたの周りにいる人々を感知し、あなたと談笑するお店の人、あなたが道端で出会う他人、ゴミの収集、道路の舗装、教育や医療の提供といった、あなたの見ていないところであなたの暮らしをサポートしてくれている人々を認識しましょう。

●いまあなたの周りのサポートのこのコミュニティのマトリックス（基盤構造）を感知し、それを評価し、あなたの家族や友人のように、あなたのコミュニティのそれぞれが、あなた自身の純粋な本質の自己が、少し異なる波動で表現されているだけなのだと感知しましょう。

●真髄にある資質としては私たちがまったく分離していないこと、私たち全員が一体であることを、ただ神聖な存在としての体現の仕方が異なるだけであることを感じましょう。

●そして、神聖な存在であることをできる限り誠実に感じ、神聖な存在としてコミュニティのフィールドを通して唱えはじめましょう。

「私はあなたを愛しています。私はあなたを愛しています。私はあなたを愛しています。私はあなたを愛しています。私はあなたを愛しています。私はあなたを愛しています。私はあなたを愛しています。ありがとう。あなたが私たちのコミュニティでおこなうすべてに感謝します。私はあなたを愛しています。私はあなたを愛しています。私はあなたを愛しています。私はあなたを愛しています。私はあなたを愛しています。私はあなたを愛しています。私はあなたを愛しています。私はあなたを愛しています……」

●これを感じることができますか?

●コミュニティに対するこの純粋な愛の脈動を感じるために調整すべき、頭やハートのスペースはありますか? あれば、いますぐ調整してください。

●それから、「私はあなたを愛しています、ありがとう、ありがとう、ありがとう、ありがとう、ありがとう……」と感じて、再度唱えましょう。

●次にそのコミュニティを超えて、私たちの世界のすべての信じられないほどの存在を感じましょう。心がとても純粋で、愛のフィールドに同調し、文化や人種、性別や宗教にかかわらず、この星でひとつの人類として調和のなかで生き、ひとつの民族であるように調和して平和に生きることにオープンな存在です。

●純粋な心の人々が非常にたくさんいることを感じ、彼らがいまこの瞑想に参加しているのを感じましょう。

教育システムに挑戦しているインディゴ・チルドレン、純粋な愛をもたらすためだけに来たクリスタル・チルドレン、ハートがすべての伝統の聖なる賢い子供たち、すべての生きものへの優しさと思いやりに満ちているシンプルな人たち……。

●先住民族の長老たち、純粋な心のシャーマン、世界の先住民の人々、とても賢明で母なる地球の面倒を長い間続けてくれた先住民族の存在を感じましょう。

●私たちの世界には、親切で、賢く、愛情深く、素晴らしい存在がたくさんいることを感じてください。

●あなたは内なる次元であなたの周りにいるすべてを感じましょう。

あなたのハートのチャクラから出た純粋な光線が、あなたの体のハートのチャクラを通して流れる愛の光の波が、彼らのハートのチャクラにつながります。

●あなたがより広い世界で再び知り、愛するようになったすべての人、会ったことはなくてもあなたの人生にプラスの影響を与え、あなたにインスピレーションを与え、あなたがまだ出会っていない純粋な人にとても感謝しているとただ感じましょう。そうした存在にも気づきましょう。

●そして、あなたが心からの感謝を感じ、準備ができたら、感情を込めて唱えはじめましょう。

「私はあなたを愛しています。私はあなたを愛しています。私はあなたを愛しています。私はあなたを愛しています。私はあなたを愛しています。私はあなたを愛しています、私は愛しています、あなたを。私はあなたを愛しています。私の心からのこれらの愛の波、私の光の体の心からのこれらの光線で、私はあなたに純粋な愛、純粋な光、サポートを送ります。私はあなたを愛しています。私はあなたを愛しています。私はあなたを愛しています。私は愛しています、あなたを。私はあなたを愛しています。私はあなたを愛しています。私はあなたを愛しています。私はあなたを愛しています。私はあなたを愛しています。私はあなたを愛しています。私たちの世界の兄弟姉妹、思いやりのある親切な人、地球上で調和して生き、純粋な平和を体験するために開かれている人、私はあなたを愛しています。私はあなたを愛しています。私はあなたを愛しています。私はあなたを愛しています。まだ苦しんでいる人、二元性に深く生きている人、私はあなたを愛しています。私はあなたを愛しています。私はあなたを愛しています。神聖な存在である私はいま、あなたに純粋な愛を送ります。この愛があなたを健康に戻します。あなたが探しているものが何であっても、あなたの心が満たされますように。私はあなたを愛しています。私はあなたを愛しています。私はあなたを愛しています。

私はあなたを愛しています。私はあなたを愛しています。私はあなたを愛しています。私はあなたを愛しています。私はあなたを愛しています。私はあなたを愛しています……」

●「私はあなたを愛しています」を、過去、現在、未来のタイムラインを通じて、時を遡ったり、先へ進んだりして、過去、現在、未来のすべての聖なる存在、偉大な光と愛のすべての神聖な存在に向けて感情を込めて唱えてもよいでしょう。
「私はあなたを愛しています。私はあなたを愛しています。私はあなたを愛しています。私はあなたを愛しています」

●あなたの神聖さ、あなたの教え、あなたの知恵、あなたのインスピレーションに感謝しましょう。
「これらの原則を示してくれてありがとう。私たち全員がどのように純粋なエッセンスであるかを私に示してくれてありがとう」

●すべてがどのようにつながっているか、すべてがひとつの細胞、純粋な愛の体のなかで脈動する細胞であること、すべてが本質の異なる表現であることに感謝します。これを聞くことにオープンなすべての人に、この愛の流れを感じて、これらの言葉をともにする人々に向けていま、心の中心から唱えましょう。

「私はあなたを愛しています。私はあなたを愛しています。私はあなたを愛しています。私はあなたを愛しています。私はあなたを愛しています。私はあなたを愛しています。私はあなたを愛しています。私はあなたを愛しています、あなたを。私はあなたを愛しています。私はあなたを愛しています。私はあなたを愛しています。私はあなたを愛しています。私はあなたを愛しています。私はあなたを愛しています。私はあなたを愛しています。私はあなたを愛しています……」

ステップ③

●どうぞ私とご一緒に、あなたの心から純粋な気持ちで、あなたの体のシステム、神殿のシステムを認識し、もう一度感じて「私はあなたの体の神殿のシステムを愛しています」と唱えましょう。

●家族や友人を感知し、認識して、唱えましょう。

「私はあなたを愛しています。私はあなたを愛しています」

●あなたのコミュニティを認識し、唱えましょう。

「私はあなたを愛しています。私はあなたを愛しています」

●世界中のすべての兄弟姉妹を認め、唱えましょう。

「私はあなたを愛しています。私はあなたを愛しています」

●壮大な植物と動物と鉱物の王国を認め、唱えましょう。

「私はあなたを愛しています。私はあなたを愛しています」

●多次元の領域とフレーバーを認識し、唱えましょう。

「私はあなたを愛しています。私はあなたを愛しています。私はあなたを愛しています。私はあなたを愛しています」

●そして、この瞑想の最後にこの純粋な愛の感情、私があなたを愛しているというパワーワードを、ほかにどこに放射する必要があるかを感じましょう。

●私たちの世界はあなたから愛を求めていますか？　あなたの家族には、いまより多くの「私はあなたを愛しています」を必要としている人がいますか？

●あなたのインナーチャイルドはいま、もっと愛を必要としていますか?
「私はあなたを愛しています。私はあなたを愛しています。私はあなたを愛しています。私はあなたを愛しています。私はあなたを愛しています」

●愛の法則によれば、私たち全員がアクセスできるひとつのパワーがあり、触れるすべてのものを純粋な愛というもとの状態に戻す能力を持っています。このことを覚えておきましょう。
このパワーは私たちに息を吹き込む力であり、そのベースラインは純粋な純愛です。その脈動が創造を生み出しました。それは私たちが健康で、再生され、生まれ変わるために必要なすべてを持っています。それは私たちの一部であり、私たちに息を吹き込み、常に私たちのなかにあり、私たちがそれにフォーカスすれば目覚める準備ができており、その私たちへの愛はとても純粋で完璧です。

いまこのベースラインを覚えて、あなたの内外のどこにでもそれを感じましょう。

●毎日少し時間をとって沈黙してこの脈動のシャワーに完全に浸り、それにオープンになれば、人生を永遠に変えられます。

●これらの言葉を読んだり、瞑想を聞いたりするすべての人に向けて伝えます。平和の使節であるジャスムヒーンが感情を込めて唱えます。

「私はあなたを愛しています。私はあなたを愛しています。私はあなたを愛しています」

あなたのための活動

映画『Grounded』を観ましょう。グーグルで検索してこの映画を観ることができない場合は、iTunesチャンネルに掲載した私たちの美しい「Gaia Connection」の瞑想をお試しください。

今週のエクササイズ

●今週は、自然のなかで裸足になって後ろ向きに歩く時間を持ちましょう。後ろ向きに歩くと、足のツボが刺激され、体が癒され、バランスが保てます。右脳と左脳を同期させるのに役立つとされるスーフィーのダンス（イスラム教神秘主義者が儀式で踊るダンス）と同じ効果があるのです。

●自然のなかで座って、自分の自然の呼吸に集中するというシンプルな仏教のテクニックを練習しましょう。これは、心が静止して空になるようにトレーニングするためのエクササイズです。思考が起こり、マインドが彷徨ったら、思考を手放し、呼吸に意識を戻して集中します。

●周囲の自然に愛のビームを送り、地球の声を聞き、彼女と交われるように求め、彼女と調和して生きることができるように心から誓い、彼女にあなたへのメッセージがあるかどうかを尋ねましょう。

これまでと同様に、ハートのミュージックで終わりにしましょう。

第10週

聖なる音楽

第10週　聖なる音楽について

聖なる音楽とその変革力、癒しの音、サイマティクスの科学、432ヘルツのパターン、よい記憶につながるエクササイズについて考察します。
――聖なる音楽は、8つのライフスタイル・ポイントのパート8。

ニコラ・テスラはかつて、「宇宙の秘密を見つけたいのなら、エネルギー、波動、振動の観点から考えなさい」と言いました。

では、詩による洞察からはじめましょう。

聖なる音楽についてのポエム

献身的に歌い、その甘い脈動を感じ、
その神聖で内なるワルツを聴き、そして感じましょう。

とても多くの次元で「不思議」が私たちを待っています。
ですから、献身的に歌ってください、天使のリフレインで。
完全に愛すること、真新しいと感じること、
献身的な色合いで心から歌うために。
これは平和に満ちた見方への道、
いまでも真実である古代からのあり方です。
大声で歌いながら愛の音楽を聴きましょう。
献身の精神に満ちて、愛の雲の上を歩きましょう。
ピュアな音を聴き、そしてもっと感じるために、
献身で私たちのダンスフロアを満たせるように。
私たちが奏でるリズムはシンプルで、安らかで、満ち足りています。
真の愛のテントのための懐かしさに満ちています。
だから、献身的に歌い、その甘い脈動を感じ、
あなたのハートを人生の神聖なワルツに同調させましょう。

祈りの音楽や聖なる音楽の活用について
――8つのライフスタイル・ポイント、パート8

祈りの音楽や聖なる音楽の活用は、天使の女王といわれる聖母マリアによって推奨されたものです。人類への天使の贈り物は音楽です。

世界のすべての先住民が、チャントやマントラを使用したり、祈りの歌を歌ったりします。これらの歌は、私たちの感情体をより高揚させ、脈管に感情的な栄養を与えてくれます。私たちにふさわしい波動を運ぶ音楽は、私たちの気分だけでなく私たちの生活も癒し、高揚させ、変革をもたらします。私たちは何を聴いているかによって、ほんの少しの時間でも大きな違いを感じられるのです。

多くの人がすでに音楽をBGM（Background Music：バックグラウンド・ミュージック）として利用することで、特定の雰囲気を設定していることでしょう。気分を明るくしてくれる、または落ち着かせてくれる音楽、刺激的な音楽、クリエイティブな活動、あるいは運動やダンスにふさわしい音楽といったように。

聖なる音楽を聴く際には、その音楽の複雑さと深さを聴くことができるように、ヘッドフォンを使用することをおすすめします。聴く時は、呼吸をゆっくりにして、その音楽によりリラックスでき、触発され、栄養を得られるようにしましょう。

多くの人から「聖なる音楽」とは何を意味するのか、その定義を問われます。それに対して私はいつも、「あなたが聴いた時に心が〝ああ……〟と感動したら、それがあなたにとって聖なる音楽です」と答えます。それが部族の太鼓、グレゴリオ聖歌、インドのバジャン、あるいは深くリラックスして安らぎを感じることができるソフトな器楽であるかにはかかわらないのです。あなたのハートの奥深くに触れ、その「ああ……」があなたにとって神聖で重要であると感じることができる音楽ならよいのです。

猫がゴロゴロと喉を鳴らすサウンドは癒しの振動であり、ディジュリドゥ（オーストラリアの先住民族アボリジニが使う伝統的な管楽器）も含む多くの楽器や人間の発声の振動も同様です。天使のようなサウンドスケープを共有する私の YouTube ビデオで、そのいくつかを聴くことができます。ヘッドフォンで聴くためのもので、これらのトーンは私たちの左脳半球と右脳半球を統合するように設計されています。左記のサイトでシャーマン・ハート・トーンも楽しめます。

参考：Shaman Heart Tones with Jasmuheen（YouTube）
https：//www.youtube.com/watch?v=Bk3zJOEx23U

古代道教の伝統的な癒しの音

道教が教える6つの癒しの音は、私たちがしばしば私たちの内臓に溜めているより高密度の波動の感情を解放するために開発されました。

私たちの細胞が、未解決の感情を「飲み込んで溜めた」毒性、または不十分な食事の選択による化学的毒性、あるいは過度の否定的で判断的な思考からの毒性で満たされている場合、すべての細胞とすべての原子に保持されている純粋な本質の栄養の波動、つまり本質の海の微細な波動の脈動は、より高密度でより粗いエネルギーに圧倒されることがあります。

私たちの存在のすべてのレベルで栄養を活かすには、きれいな細胞と臓器を保たなければなりません。共鳴の普遍的な法則によって似たもの同士が引き寄せ合うように、各細胞の波動が純粋であるほど、各細胞が引き寄せられて放射できる波動のエネルギー・フィールドは純粋になります。

道教の師は、健康な各内臓が特定の色、音、波動を持つこと、そして内臓が肉体的、感情的、精神的な毒性によって弱まることを発見しました。

彼らはまた、重要な内臓を回復させ、バランスをとり、浄化し、各内臓をとり巻く冷却嚢《のう》（筋膜）にとらえられた熱の蓄積を再分配することにより体の気を循環させる役に立つ、6つの宇宙の癒しの音があることを発見しました。

道教の達人によれば、特定の音、ビジュアライゼーション、光、意図を使用することで、各内臓の波動の組み合わせを変更できます。

たとえば、歯の裏側に舌をあてて出す「スー……」という音は、悲しみ、そして悲しみの感情が溜まる臓器と広く認識されている肺に作用します。「チュー……」という音は、恐怖の感情を解放する腎臓と、恐怖の感情に関連する器官である膀胱に作用します。「シー……」という音は、肝臓と肝臓に関連する臓器である胆嚢に溜まった怒りの感情を解放する働きをします。

ここでは詳細な説明を省きますが、小冊子『Cosmic Sounds―Sounds that Heal（宇宙の音―師マンタク・チア〈気功師〉の癒しの音）』を読めば、道教の6つの癒しの音の正確な教えを理解することができるでしょう。

第10週では、私たちの内臓を浄化し、バランスをとり直し、栄養を与える音の能力について、簡単にご紹介します。これらの音を、第7週で提供した内臓へのメッセージの瞑想に加えることをおすすめします。

サイマティクスの興味深い科学

サイマティクス（音振療法）は、音の波動が水、空気、砂などの特定の媒体を通過すると、物質の振動を直接変化させることを示しています。４３２ヘルツの波動は、宇宙のパターンと数学的に一致しているといわれています。

研究によると、４３２ヘルツのチューニングは、宇宙の黄金比で振動し、光、時間、空間、物質、重力、磁気を生体、ＤＮＡコード、意識と統合させます。

私たちの原子とＤＮＡが自然の渦巻き模様と調和して共鳴しはじめると、私たちの自然とのつながりの感覚が拡大するといわれています。４３２という数字は、太陽、地球、月の比率を反映しているだけでなく、ほかの多くの神聖な場所、エジプトの大ピラミッド、イギリスのストーンヘンジ、スリヤントラ（ヒンドゥ教のシンボル）などでの春分点の歳差運動（自転している物体の回転軸が円を描くように振れる現象）を反映しています。

ダメオン・ケラーは次のように書いています。

「太陽スペクトルと宇宙キーボード――スペクトルのすべての波動は、ガンマ線から分数調波まで、オクターブで関わっています。これらの色と音符は、チャクラやその他の重要なエネルギー・センターにも関連しています。（…中略…）チャクラが太陽スペクトルの７つの光線につながっていることを理解すれば、同じものに使用する音符と波動は同じである必要があります。Ａ４３２ヘルツは、現代では音楽のチューニングにおいて標準のピッチ（音高）とされているＡ４４０ヘルツとは対照的な宇宙キーボード、宇宙の音叉のチューニングです。それは、Ｃ♯（Ｃシャープ）を１３６・10ヘルツのＯＭ（オーム）に配置します。これは、インドの民俗弦楽器シタールの基準音であり、〝それは自然から来ている〟と私たちに告げるチベットの僧侶のチャントのピッチです」

また、次のようにも書いています。

「古代人は楽器を４４０ヘルツではなく４３２ヘルツのＡに調律しました。そしてそれには正当な理由があります。あなたがご自分でその違いを確認するために聴くことができる音楽の例がインターネット上にたくさんあります。楽器を４３２ヘルツに調律すると、よりリラックスしたサウンドが得られますが、４４０ヘルツでは体がわずかに緊張します。これは、４４０ヘルツがマクロコスモス（大宇宙）にもミクロコスモス（小宇宙）にも同調していないためです。４３２ヘルツはその正反対です」（http：//innergarden.org より）

音楽は私たちの感情を変え、動かすようにできているのです。

基準を設定する

私は第10週の最後のテクニックを「よい記憶につながるエクササイズ」と呼んでいます。

このエクササイズはふたつのことを達成するようにデザインされています。ひとつは、感情的な経験としてあなたが受け入れられる最低基準を設定すること。もうひとつは、あなたがベッドから起きる際にいつもとは反対側から立ち上がったような時や、ネガティブな気分に圧倒された時に、あなたの1日を調整するためのツールになること。テクニックはシンプルですが、その効果は強大です。

よい記憶につながるエクササイズ

●座って黙想します。

心の平安を感じるまで、深く、きめ細かく、息継ぎの間をとらず息を吐いたらすぐに次の息を吸う接続呼吸で呼吸します。これにより、記憶にすばやくアクセスできるようになります。

●過去に遡り、記憶のデータベースを検索します。

あなたがただ素晴らしく、幸せで、充実したものとして人生を体験した時を見つけます。

●その日時、場所、一緒にいた人、その記憶が特別な理由を思い出します。特に、あなたがどのように感じたかに注意を払いましょう。

●この出来事で感じた気持ちにアクセスしたら、しっかり受け入れることにします。記憶の詳細は関係ありません。重要なのは、感情的に動揺し、癒しにとっての危機を迎えた時に、素晴らしい体験の記憶を思い出し喜びと調和の感情を蘇らせることなのです。

私と一緒にこのエクササイズをした人のうち、大多数が覚えている最も一般的な感情は、喜び、満足、そして心配いらずであった時の感情であるとの報告があります。

このエクササイズの体験者たちはまた、彼らが感じた感情は、自分の現在のライフスタイルや「責任」ある大人として生きる体験には欠けている感情だと報告しています。私たちは過去には素晴らしい体験をしたことがあります。ですから、その時と同じ状況を再現することはできないとしても、その体験を参照として、自分のなかに受け入れたい感情の基準を設定することはできます。

毎日、朝一番に、個人の記憶のデータベースから前向きな記憶にアクセスするようにするだけで、その日の感情のベースを設定できます。私たちは、しっかり受け入れることを決心し、記憶を取り戻すことによって感情を呼び起こすことができます。これにより、1日を前向きにはじめられるようになり、さらに自己回復の道を進めば、私たちは落ち着き、感情的にならずに済むようになります。

宇宙が私たちの期待に応えてくれるように、常に前向きであり続け、否定的な考えに注意深く抵抗しながら自分自身のために最善となるように期待し続ければ、自分の人生がまるで魔法のように変わっていることにあなたは気づくでしょう。私がそれを保証します！

ですから、すべてのレベルであなたを養う完璧な音楽をもたらしてくれるよう、最高の知性の普遍的な流れに求めましょう。

聖なる音楽は「ああ……」とあなたの心を動かす音楽であることを覚えておきましょう。

最後に、あなたにおすすめの、聖なる音楽を奏でる素晴らしいミュージシャンをご紹介します。

デヴァ・プレマール、アシャナ、アヌガマ、パトリック・ベルナール、アニ・チョイン・ドルマ
クレイグ・プルエス&アナンダ、ドイター、ジェフリー・トンプソン博士
エリック・バーグランド、ジェフリー・グルムル、ジョナサン・ゴールドマン、カルネシュ
ケビン・ウッド、クリシュナ・ダス、レックス・ヴァン・ソメレン、サヤマ
ソース・ヴァイブレーションズ、スナタム・カール、イエロー・ブリック・シネマ……

もちろん、もっとたくさんいます！

第 11 週

評価と正直なフィードバック

第11週　評価と正直なフィードバックについて

評価とフィードバックに加え、ライフスタイルのアプリのガイダンス、そしてこれをほかの人と分かち合い、平和の使節になるための招待状について考察します。このプログラムを通じてコミュニティと分かち合う時間を提供します。

最高のバージョンの自己の瞑想で、すべてのプログラムを修了します。

これで、**快適なライフスタイル・プログラム**の10週間のプログラムを修了しました。すでにあなたは、他人との関わり方や互いのためになるようなつながり方に気づくことでもたらされる、人生における多くの利益と変化を理解されたことでしょう。

あなたはきっと、「愛の呼吸」の瞑想、「私はあなたを愛しています」の瞑想、そしてすべての家族関係を改善する瞑想を毎日実践することの利点を感じられたことでしょう。

松果体・脳下垂体のマスター腺（第7週）と体を愛するツールを刺激し、あなたの内臓からメッセージを受け取り、それらの健康状態を感じることができるこうしたツールとテクニックを、あなたは使い続けることでしょう。

おそらく、すでにあなたは自分の時間をどのように使い過ごすべきかを検討し、もはや自分の役に立たない古い習慣を手放し、8つのライフスタイル・ポイントの提唱をできるだけ多く組み込むために毎日のスケジュールを調整したことでしょう。そして間違いなく、そうすることで、このコースで共有されているすべてのことを体験的に理解できるようになったことでしょう。

あなたはきっと、映画『Grounded』を観て、母なる地球の電磁場によってどれほど癒されるかを知り、自然のなかでもっと沈黙の時を過ごしていることでしょう。映画『Forks Over Knives（フォークス・オーバー・ナイブズ〜いのちを救う食卓革命）』や映画『Fat, Sick & Nearly Dead（デブで、病気で、死にそう）』も観て、すでに食事を軽くし、体の声に合わせて、古い習慣的なパターンで食事をするのではなく何を食べたいかを体に尋ねはじめているでしょう。

個人的には、私は物事が無理なく進むのが大好きなので、このプログラムの各要素を自然で有機的な方法で楽しんで、すべてのレベルで調和して1日を過ごすようにプログラムするのがよいと思っています。そうすれば、それぞれの要素がごく自然に私たちを呼び込んでいることがわかります。たとえば、ベランダに座ってお茶を楽しんだり、日の出を眺めていたりすると、突然、自然に呼吸がゆっくりになって瞑想に落ち着くのです。その状況が私をより深い静止に呼び込むのです。

私たちが正しい動機で物事をおこなうことはとても重要です。

何年もの間、私は微細なレベルの恐怖から**快適なライフスタイル・プログラム**の多くを利用していました。そして、この認識によって、より啓発された動機づけの「**私はあなたを愛しているから……**」のパラダイムが生まれました。

左記は、その時に私が書いたものです。

時々、私たちは啓示のように人生を理解します。
私たちを新しい方向、新しい経験、または操作モードに導く新しい存在または物事の見方。

「**私はあなたを愛しているから……**」もそうでした。

聖なる結びつきのゲームでは、私たちは自分のすべての側面を、すでに次元上昇している資質の命令、私がダウと呼んでいるもののマスター・コンピュータ・コントローラー、つまり私たちの内なる聖なる者、私たちの本質に委ねます。
この誠実な帰依の行為により、私たちのなかに愛と叡智のパワーが放たれ、それがゆっくりと上昇して、私たちの生体システムを通って周囲のエネルギー・フィールドに溢れ出します。

これを展開するプロセスは、次のとおりです。

私たちの注意力、集中力、そして一瞬ごとにどう時間を使い過ごすかを選択することによって、そのレベルを自由に調整できます。私たちの内なるこの融合とブレンドは、とても興味深いものです。命令のチェーンが変化し、純粋なプラーナ、愛として常に私たちの内で脈打ってきた悟りの開けた脈動からなる深く純粋な海に、自分自身が固定されるのです。

その脈動が私たちの支配的なビートになるように、この純粋で神聖な脈動が上昇すれば、さりげなく人生を変え、深遠にする多くの変化をもたらします。

たとえば私は、若いころにはクリケットやバスケットボール、もっと幼いころにはキッズ・ゴルフなどの球技や陸上競技、ダイビングなど、アクティブでスポーツに満ちた生活を送っていました。また、私は若い母親として、ストレスを減らし免疫システムを強く保つために、生体システムのエネルギーを高めてくれるヨガや太極拳に興味を持ち、そして後には気功に目を向けました。

私は歳をとるにつれ、ジムに通い、ヨガもはじめていました。何かを防ぎたいと思うことがよくあったからです。よりホリスティックなライフスタイルを送ることで、病気を予防し、老化の兆候を遅らせ、老化を防ぎ、体の崩壊を防ぎたかったのです。

最終的には、私たちが推進している8つのライフスタイル・ポイントによる**快適なライフスタイル・プログラム**が素晴らしい「予防」パッケージであることに気づきました。

しかし、「予防的」という言葉でさえ、実際には多かれ少なかれ恐怖に基づいています。

私にとっては、運動をしなかった時に起こったことが気に入らなかったという程度のことでも、運動に励む動機になりました。

私はまた、運動しない人生があまり好きになれなかったので運動し、強いプラーナの脈動が保てました。私たちの本質の強いプラーナの脈動は、私たちを恩寵の領域に留まらせてくれる磁気の引き寄せパターンをもたらし、設定します。これもまた、とても魅力的でやめられなくなるのです。

しかし、「そうしない時の自分や自分の人生が好きではないから、運動したり特定の生き方をする」や「自分にとってよいから」と言うのと、**「私はあなたを愛しているから……」**という態度をとることには、大きな違いがあります。

この場合の「私」は、私たちを統合させる本質です。指揮系統が与えられ、私たちが神聖に結ばれていれば、私たちの低次元の資質と次元上昇した資質の間に隔たりはありません。

私たちは、肉体的、感情的、精神的な生体システムがここにあるのは純粋で神聖なスパークとしての私たちに仕えるためであることを感じ、理解できます。

人生の達人として、人生にどのような経験を求めますか？

ただ強化し強化されるだけでよいのでしょうか？

何を選んだとしても、愛情深く賢明なマスターは、愛情深く賢明な方法で生体システムの操作をおこない、そのパフォーマンスを最適化し、問題が起こらずスムーズに機能できるようにします。

この認識によって、私は愛情を込めてトレッドミル（ランニングマシン）の上を歩くことができ、自分の体に愛情を込めて話しかけることができます。愛情を込めて存在することができ、愛に魅了され、愛にサポートされています。そうしたことが可能だからこそ、身体システムの動作モードが強く純粋になったのです。

このビジョンと認識によってエネルギーの流れが私のなかで変わり、運動不足にならないようにトレッドミルに足を踏み入れる、という古いビジョンは退けられました。

この気づきにより、私の内なる存在は私に歌いはじめました。そしてこう言いました。

私はあなたを愛しているから、
あなたにとって完璧な日を計画します。

愛の脈動が生体システムを完全にサポートし、それを強化し、その波動の放射によって世界を強化しているとわかっている日にはもちろん、より強くプラーナが脈動しています。

何かや誰かを本当に愛すれば、彼らを強化し、彼らにとっての最善を尽くせます。審判したり恐れたりせずに、感情的な脅迫やコントロールにならないように彼らをサポートできます。

私たちがこの領域に奉仕し、楽しむ時に私たちをサポートする生体システムを本当に愛すれば、その人のニーズに愛情を込めて対応でき、システム全体を強化し、ほかの人と調和して最高のパフォーマンスのリズムで実行できるように選択し、時間を費やせます。

こうしたことは、私たち自身の存在のすべての側面への無条件の愛、物事のあり方の受容と楽しみ、いまの完璧さといったすべてに関わることですが、当たり前のことなのでここではフォーカスしません。**「私はあなたを愛しているから」**というパラダイムのポイントは、ゆるすことです。

内なる私という神、アートマン、私たちのダウ、本質が、サポートの流れの瞬間を次々と創造できるようにしましょう。すべての領域で自由に、流動的に柔軟に遊べ、エネルギーの流れに支障がなく、恩寵の領域から逸脱せず、この脈管から出たり入ったりするように感じたり、まだそのなかで安定していないように感じたりすることがなくなるようにするのです。

恩寵の脈管は、本質としてのプラーナの脈動に応じて、そしてそれが私たちのなかでどれほど強く鼓動するかに応じて、私たちの内外でも上昇します。そのビートが明確で純粋な時、私たちは一体となって、そのなかで団結し、調和し、純粋で完璧で深遠なリズムに固定されます。そのビートが弱ければ、私たちはさまざまな制限のあるベータ波の脳波のパターンの世界に棲むことになります。これは古い方法であり、私たちはそこから目覚めるように誘われています。

ワンネスのパラダイムへの真の帰依は、独自の方法と時間でもたらされ、次のような多くの要因に依存しています。人生経験、得られ理解した美徳、おこなわれた選択、保持された態度、それに従って維持または形成されたライフスタイルなどです。

これらはすべて、私たちが生体システムと呼ぶ器に追加された食材のようなものです。私たちが以前から知っていたように、一緒になり、ブレンドされ、ひとつになると、それらは共鳴し、主となる音を送信し、磁気の引き寄せパターンを設定し、それに対して宇宙が順番に応答します。材料の組み合わせを変えると、人生での経験も変わります。

「私はあなたを愛しているから」が、もうひとつのビートを追加します。

「私はあなたを愛しているから」が、解放というフレーバーを追加します。

音楽にもうひとつの音階を持つように、新たな行動、新たな存在のシステムに入ることができ、あなたの生体システムにもうひとつのフレーバーが加わるのです。

完璧な日々……。完璧な方法……。

「私」が、私たちに息を吹き込む純粋な「私」であることを思い出して、次のように唱えましょう。

私はあなたを愛しているから、私たちは私たち自身を強く健康にする人生を楽しんでいます。

私はあなたを愛しているから、私たちは母なる自然の胸のなかで毎日を楽しんでいます。

私はあなたを愛しているから、私たちは毎日音楽の純粋なリズムと調和しています。

私はあなたを愛しているから、私たちは毎日運動し、その瞬間を愛しています。

私はあなたを愛しているから、私たちは平和のより深いリズムを知るために、沈黙して休んでいます。

私はあなたを愛しているから、私たちにプラーナが与えられ、人生がずっと自由になります。

私はあなたを愛しているから、私たちは宇宙のセックスをしています。その最も熟したタントラを知っています。

私はあなたを愛しているから、豊かさが流れ、一瞬一瞬に完璧がもたらされます。

私はあなたを愛しているから、私たちはたびたび、静止して人生のより甘いリズムを楽しむことがあります。

私はあなたを愛しているから……歌は流れ続けます。

座って、手をつないで、自分の純粋で次元上昇した部分があなたを通してあなたに話しかけていると想像するのは、興味深いエクササイズです。

なぜなら私はあなたを愛しているから……。

これを実行して、何が流れるかを確認しましょう。

また、瞑想の効果があなたの人生に現れるまでには時間がかかる可能性があることも、付け加えておきましょう。特に「**私は純粋な愛です**」、「**私は永遠です**」、「**私は無限です**」というマントラでは、あなたがその純粋な本質の海に没頭するにつれて、時間とともにゆっくりと変化が起こります。

40年以上前に私が瞑想の旅をはじめた際には、4カ月にわたる定期的な瞑想を終えた時になって初めて、自分がどれだけ変わったかに気づきました。その時、私は瞑想のおかげで自分がどれほど執着をなくすことができていたか、人生で起こる出来事に反応せずに行動できていたかを理解したのです。古いパターンが戻ってきたので、それと比較できたのです。

執着せずに達観できないことのほうが、とても奇妙に感じました。まるで私の自然な部分が消えたかのように感じました。いまではこの変化に感謝しています。

ですから、定期的な瞑想が私にくれた最初の恵みは、もはや人生に反応するのではなく、達観した意識で行動することでした。

本質の海に没頭すると、やがてあなたは静止に気づき、あなたが無限の深さのエネルギーの海にいることに気づきます。そしてあなたはリラックスして静止状態に留まります。

もう一度ゆっくり静かな呼吸をしましょう。

精神体があなたを観察し、気づき、コメントし、意識を生き返らせるか、あるいは問題を評価し、変化させるかもしれません。

実践してみましょう。

意識を広げて、ゆっくりと深い呼吸に戻ります。

それからすべて手放します。沈黙して静止すれば、より大きなフィールドが開かれているのだと……。

受け入れられ、そこで見つけられることがたくさんあるのです。

何が起こるか、しばらく待ちましょう。

この拡張された状態では、ほかのエネルギーのパターンを見て、感知し、意識的に相互作用することができるので、執着のない意識自体が信じられないほどの恵みです。より深く、より純粋な本質のフィールドの没入、浸入、気づきのこのゲームは、驚くべきエネルギーの流れを私たちにもたらします。

恩寵の絶え間ない流れを楽しむことが、私の個人的なお気に入りです。

それから、すべての完璧さ、心配からの解放、私たちが純粋な愛であり愛されていること、私たちがとても貴重であること、慈悲深い全体の不可欠な一部でありとても賢いことを知っているという感覚があります。

それがパワフルな自己再生、自己治癒、さらには自己持続システムであることを経験から知っているので、より軽く、より生命力に満ちた食事で私たちの体を清潔に保ち、丁重にそして愛情を込めて扱うことも自由に探索して楽しめます。

私が1993年以降そうしてきたように、食べ物を必要とせずに純粋なエネルギー源から直接食べることができるので、私の体は消化の必要がなく、睡眠も少なくて済み、さらにより偉大な創造性と感度を楽しめます。こうしたことを真実として探求し、生きられるのも驚異的です。

そして、これらすべても、この非常に祝福されたライフスタイルがもたらしてくれます。

聖なる音楽が私たちの感情のフィールドにもたらす心のこもった歓喜の状態は、なんとも説明しようがありません。心から演奏され歌われる音楽の多くには、最も深いレベルで私たちに触れ、私たちを高揚させ、私たちを変容させ、私たちを解散させ、私たちに火をつけるパワーがあります。無私の奉仕意識を通しておこなう、すべての人生に親切で思いやりを持った無私無欲な行動も同様です。

私たちがすぐに経験する人生の魔法は、これらの8つのポイントの組み合わせから生まれます。このライフスタイルが私たちの真の本質の再識別プロセス、認識、経験を通じて、私たちを肉体的、感情的、さらには精神的に再調整するのです。

多くの人が、これらの8つのライフスタイル・ポイントの実践には時間がかかると言いますが、実際にはその逆で、時間を与えてくれるものであることを、再度説明しておきましょう。

これは永続的なライフスタイルの変化である必要があり、食事を軽くし、本書で提供するすべてのことを実践すれば、精神的機能がより明確になり、精神的および感情的な混乱に苦しむことが少なくなります。

たとえば夜8～9時間の睡眠を5～6時間へと簡単に減らすことができ、生体システム全体がよりよく機能するため、より多くの時間が得られます。

ですから、精神的な明晰さとより少ない睡眠の必要性に加えて、あなたの体は全般的にもっと活力を得られるようになるでしょう。

また、あなたは別の視点から人生を見る能力を得るかもしれません。より悟りが開けた本質の特質の視点から、より多くの存在を見ることができるようになることがわかるでしょう。

このコースはほぼ3カ月分の毎週の活動とフォーカスをカバーしているので、各ポイントを実践すれば、人生に大きな変化が見られるようになります。

ただ、これは新しいパラダイムへのエネルギー・シフトであり、時間がかかる可能性もあります。

ですから、リラックスし、このライフスタイルの各要素を実践しながら生きることを意図して、時間がかかっていることに気づかないほど自然かつ有機的に毎日を過ごしてください。

あなたの生体システムへの愛としてこのライフスタイルを実践すれば、あなたの生体システムは最適なレベルで機能し、完璧なものとして人生を楽しめるでしょう。この純粋で完璧なあなたの一部が日中に何度もあなたにストップをかけ、リラックスするよう、深呼吸するよう、瞑想するよう、祈るよう、一体となるよう呼びかけてくれることに気づくでしょう。

そしてあなたは、そのようにすることがすべてとても簡単だと感じはじめるでしょう。

すべてがとても自然に起こるでしょう。

一体化を続けていれば、はるかに軽い食事のほうがずっと幸せであることを、すぐにあなたに知らせてくれるでしょう。あなたの体は肉体的、感情的、精神的、そしてスピリチュアルな面でも、自分自身を養う方法において人生でより軽いものを求める傾向にあります。そのため、あなたがかつて好きだった食べ物が、突然あなたを満腹にしたり膨満感を感じさせたりすることもあるでしょう。

この特定のライフスタイルは、頑固さとすべての苦しみからの解放に加えて、個人的および世界的なレベルでの病気からの解放をもたらします。それは、二元性の世界を生きるというゲームからの解放と、二元性ゲームをプレイする帰結だと私たちが理解したすべてのことからの開放です。単なるゲームであることを理解することによって開放感を得て、人生をより望ましいものにできるゲームを選択するのです。

このライフスタイルは、私たち全員が持っているものに没頭することによってすべてを強化することであり、それは私たちの意識をとても壮大なものに高めることによって私たち全員に栄養を与え、私たちを解放するのです。

私たち自身がまだこの惑星の一部であることを知りつつ、真の統一と平和の次元に棲むことを、このライフスタイルが提供してくれます。私たちの領域全体にその光と愛の波を放射する力を持つ私たち自身の純粋な本質の特質によって、活気づけられるからです。
あなたはこれまで以上に生き生きと輝き出します。

したがって、この最後の週は、評価と正直なフィードバックの時間とします。呼吸のテストを利用して、8つのライフスタイル・ポイントのうちどの要素をもう少しおこなう必要があるかを、1週間かけて確認しましょう。

あなたの純粋な本質の特質があなたのために持っているすべての恵みを受け取り、あなた自身と、そしてすべての生命とも調和して、健康、幸福なリズムで生きられるように！

ライフスタイルの系統

この魅惑的なライフスタイル・プログラムのマニュアルでは、さまざまな存在が各ポイントを推奨していると述べましたが、私たち全員がより深くつながるためにある、すべてを知っている、愛情のある知性というアイデアに、すでにあなたは慣れていると思います。瞑想と静止を通して、そしてこの脈管に同調することで、深くつながれるのです。

長年の私の瞑想のなかで、私は多くの美しい存在の前にいることに気づきました。そして、**快適なライフスタイル・プログラム**が聖母マリアの形で現れた女神のような存在との一体化を通して私に伝えられたことは、先に述べました。

このライフスタイルの背後にある系統と、それがなぜそれほどパワフルであるかを理解するために、7人の存在が出席する宇宙理事会のようなものを想像してもよいでしょう。その一人ひとりが地球上で何百万人もの人々によく知られ、愛されており、それぞれが地球上で人の体を持って生きてきました。ですから、ここでの私たちが体験することを理解しているのです。

愛すべき7人の存在は体を持つことから解放されていて、賢明で、より純粋で、より高次元の意識を持つ愛のエネルギーの存在であるのだと想像してみましょう。

できればこの会議で、宇宙理事会が地球上の多くの人が抱える困難を再び評価し、私たちの葛藤を感じ、私たちがいかに二元性に迷い、愛、お金、健康、家族などのゲームから学んでいるか、そして世界で互いに関わり合う私たちがいかに本当の資質の経験から引き離されやすいかを感じたと、想像してみましょう。

宇宙理事会に次の質問が投げかけられていると想像してみましょう。

地球上のすべての苦しみを取り除くのに役立つひとつの推奨事項があるとしたら、それは何でしょう？

宇宙理事会の7人が、彼らの知識と、地球上での彼らの経験に基づき8つのライフスタイル・ポイントを提供したと想像しましょう。私が提供するライフスタイルは、まさにそうした系統から生まれたものなのです。

そして、7人の宇宙理事会は、地球上の人類の旅路を見て、次のように述べました。

「私たちが本当に自分の核のレベルにいることを知るという自己認識から、世界のすべての苦しみからの救済がはじまります。そうした認識がなければ、私たちは常に苦しみ続けるでしょう」

自分の本性についての知識と経験がなければ、私たちは常に木の葉のように風、雨、嵐に簡単に振り回されます。ですから、瞑想は彼らの最初の推奨事項です。静止することで、私たちは自分が木の葉のような存在ではなく、木のような存在であると感じる能力が得られるのです。

瞑想により、私たちは自分という木の根にフォーカスして、相互関連性を見て感じることができます。地球の大地に根を張るようにグラウンディングして自分の本性にフォーカスすれば、自分がどれほど強くなれるかも感じられます。

このライフスタイルの系統がはじまります。自己認識、自己修得、そして自分というシステムのボスが自分の純粋な本質であることを経験することが、苦しみを排除するためにどのように重要であるかに各人が同意します。

慈悲と思いやりの女神である観音菩薩という存在が世界を見て、「人々は祈りのパワー、特に祈りの癒しのパワーを忘れてしまった」と述べています。

人々は、自分の支配的な思考と感情のパターンに常に反応しているこの広大な知性のなかに棲んでいることを忘れています。ですから祈りに戻って、私たちが泳ぐ海でこの広大な知性と一体となることが役に立ちます。その海では瞑想や沈黙のなかでその反応を聞き、意識的に一体となって、このフィールドのバイオ・フィードバックに気づけるのです。

次に、錬金術の達人のひとりであるサン・ジェルマン（セント・ジャーメイン）は、この理事会で「自分の精神を修養し、自分というシステムの真のボスが誰であるかを理解するまで、人々は常に苦しむでしょう」と述べています。

感情体と精神体は素晴らしいしもべですが、それで人生を完全に制御することはできません。感情体と精神体から来るガイダンスは、生涯を通じて各生体システムを、楽しく、至福と恩寵に満たされて安らかに生きるための十分な情報がないからです。

ですから、精神体と感情体をしもべとして利用するのと同時に、精神の修養が必須です。

私たちは瞑想により、私たちに息を吹き込む純粋な本質を体験し、その声を聞くことができるようになります。プログラミングと反復的な思考のパワーを認識し、量子の知性に積極的に関与すると同時に、制限された信念を受け入れずに手放す選択が必要です。

この宇宙理事会では、仏陀という別の存在がフィールドを観察し、人間の苦しみだけでなく動物の苦しみも見て、菜食によって世界の苦しみがどれだけ軽減できるかを示唆しています。

私たちのシステムが肉食動物ではなく菜食主義者になるように構築されていることを考えれば、生体システムに最適な燃料を供給するという、自己への優しさの重要性がわかります。動物界への優しさ、動物を食べ物として見るのではなく友として歩くこと、あるいは動物の絶え間ない虐殺に関与しないことも、そのパワフルな一部です。

ババジは、すべての人類がより悟りが開けた意識の状態に戻り、より統一された表現のフィールドに戻るまで体を保つことを誓った、ヒマラヤの不滅のマスターです。ババジはいま、この宇宙理事会で人間の苦しみの問題に目を向け、次のように述べています。

「体を神殿として扱うことは非常に重要です。それが最も貴重なもので、そのなかに最も神聖な恵みである純粋な本質の存在があるからです」

ババジは、体はこの神性を収容しているので、聖杯のようなものであると語っています。したがって、身体システムを愛し、感謝し、感情的および精神的システムにとって可能なことを愛し、感謝し、彼らが与えてくれるサポートを尊重することも重要です。そうすれば私たち一人ひとりの神聖な存在がこの密度の領域を体験できるようになります。

これはまた、私たちが自らの人間性を愛し、もはや判断せずに庭の草木を愛して水をやるように、私たちの本性の開花に時間を与えることも意味します。これも重要です。

この生体システムのすべての部分に愛情を込めて話し、調和させ、それに息を吹き込むものに奉仕することによっても、恩寵と解放がもたらされます。そうです、体は神殿です。

次に、キリストは、この宇宙理事会のもとで世界を見て、「私たちの世界では、無私の奉仕というシンプルな行為、私たちにそれができるという理由のみで毎日他人に与えることで、多くの苦しみを和らげることができます」と言っています。

これは、不定期ながら意図的に親切な行動に従事することを意味します。地球上の一人ひとりが、報いを考えずに無私無欲で親切と思いやりを持って他人を助ける行動をすれば、全世界が変わり、苦しみが和らぐだろう、というのがキリスト精神の持ち主からの忠告です。

アッシジの聖フランチェスコはこの宇宙理事会の席に座り、再びこの世界を観察してこう言います。

「人々は、自然のなかで沈黙することによって得られる力を忘れています。沈黙のなかで神の声を聞き、母なる自然のなかで創造の美しさを見れば、あなたはより環境に配慮するようになります。母なる自然の世話をしながら、あなたはまた、お互いのなかに創造の美しさを見ることを学びます。自然のなかで沈黙して熟考瞑想をしなさい。そうすれば、この世界のスピリットと一体になり、愛と思いやりを持って母なる地球の上を歩き、その声を聞くことができます」

私たちには3人の母親がいます。私たちがその子宮から生まれた肉体の形をとった母親、身体を形成するための要素を私たちに与えてくれる母なる自然、そしてその無限の愛により創造を生み出した聖なる母親です。

この三者の鼓動が一体となれば、調和が私たちの生活の基本的な流れになります。

次に、女神のような存在の化身である聖母マリアが世界を見てこう言います。

「聖なる音楽、心から歌われる聖なる音楽、家を満たす聖なる音楽をあなたが聴けば、それはあなたの魂に触れ、あなたを純粋さとエクスタシーの状態に戻せます。聖なる音楽は感情体を養うことができます。これもまた、人間をより高次の体験に導くものの一部です」


そして、この宇宙理事会の会議で、彼らは皆、これらの8つのライフスタイル・ポイントの組み合わせが魔法であることに同意します。それぞれが人間の身体、感情体、精神体、エーテル体のシステムを養うために特別に設計されている方法であり、そしてそれぞれがほかのものと組み合わせられると、人間のシステムを無限の海に戻すように設計されていることに彼らは同意します。

そこでは人間のシステムは、自分が愛、知恵、力の広大な無限の海に存在するひとつの雫に過ぎないことを認識します。それだけではなく、私たちは海そのものであり、この団結との一体感、真の幸福、永続的な平和などの経験のなかで、それ以上のものがもたらされる可能性もあるのです。

おそらくこのライフスタイルの実践により、あなたの右脳と左脳はすでにより調和しているので、この流れは真実を運ぶものと見ることができるでしょう。

非常に特別でパワフルな時間を過ごす方法を提供するために来た7人の存在が出席する宇宙理事会は、私たちが本当は誰であるかを知ることを可能にし、したがって地球上で生きている間のすべての苦しみ、混乱、病気、困難から、私たちを解放してくれます。


そして、そうです。恩寵の状態は感謝の状態とともにこのライフスタイルについてくるので、この世界を異なる目で見て、地球をエデンの園として楽しみながら心から送る祈りは、「**ありがとうございます、ありがとうございます、ありがとうございます**」です。


平和の使節であるジャスムヒーンは、フィールドを旅する皆様がたくさんの愛、光、そして笑いを得られるように願っています。

このレシピは科学であり、多くの人々の生活に影響を与え、変革してきました。それはシンプルなライフスタイルであり、私たちの著者との再識別プロセスを可能にする時間の過ごし方でもあります。

私たちは、最大の愛と平和の海の流れに根ざした木であることを楽しめます。

平和の使節になり、このプログラムを人々と分かち合う

あなた自身の生活のなかでこのライフスタイルの恩恵を体験したら、あなたのコミュニティと分かち合うことをあなたのハートが求めているかどうかを確認しましょう。

平和使節団に所属する平和の使節が世界中の多くの国でこのコースをコミュニティに提供しており、その結果、彼らのコミュニティはより統一された健康、幸福、調和の波動で結ばれています。

ですから、瞑想して自分にとって正しいと感じたら、平和使節団（admin@selfempowermentacademy.com.au）にご連絡ください。公式な使節団の使節になるためのさらに詳細なトレーニングを受け、知的な量子のフィールドに登録することもできます。

もちろん、これをグループ内の人々と分かち合うこともできます。当然のことながら、多くの人が私たちの著書の多くをすでに利用しているように、本書を利用して毎週実践できます。

オーディオ・シリーズや、いまあなたが読んでいるマニュアルを使って、このコースをもう一度やり直したいという方もいるでしょう。

また、「平和使節団、12の平和の道」も提供しています。これは、実践的なエクササイズをおこなうこともできるもうひとつのダイナミックなプログラムです。

ですから、私たちに連絡して正式にこのライフスタイルの平和の使節になり、このライフスタイルをあなたのコミュニティに紹介したいのか、あるいは、このライフスタイルがあなたの生活にどのようにプラスの影響を与えたかについて私たちにフィードバックをくださりたいのか、瞑想してみましょう。

また、iTunesチャンネルにアクセスして、そこにあるすべての美しい瞑想を見たり聞いたりすることもできます。それぞれに目的があり、体のなかでさまざまに作用します。

すでに私たちはこのコースを通してあなたにテキストや瞑想の音源を提供しました。それらもパワフルな変化を生み出せることが私たちにはわかっているからです。

平和使節団のジャスムヒーンは、それがあなたの心からの願いであるなら、地球上のあなたの存在のなかでのあなたの経験としてあなたができる限りのことをして、あなた自身の存在のすべてのレベルで健康、幸福、調和を実現できることを願っています。

さあ、心を落ち着けて、ベストなバージョンの自分の瞑想で修了しましょう。

この瞑想は次のウェブサイトにもあります。

参考：「Best Version Essence Self Meditation - Jasmuheen - studio quality audio」（YouTube）
https：//www.youtube.com/watch?v=At2iXv65w2Y（英語）

ジャスムヒーンと一緒におこなう、ベストなバージョンの本質の自分の瞑想とコーディング

●あなたに息を吹き込むエネルギーに気づき、それに同調することを意図して、呼吸のリズムを遅くしましょう。

息を遅くすれば、より深く精妙で穏やかな呼吸ができ、身体システムに完全に気づき、完全にそこに存在できます。

●考えが生じたら、ただ手放しましょう。

●息に注意を向けましょう。この瞬間、いまここで……ゆっくりと穏やかに息を吸い込みます。スムーズに息を吸って吐きましょう。

●すべてを手放すだけですが、いまここであなたの意識を広げ、全身のシステムを感知しましょう。

●可能なら、あなたが光の泡のように、あなたの光の体の周りに引き寄せられた分子と原子の単なる集まりであることに気づきましょう。

チャクラ・システム、経絡、身体システムからなるあなたの周りのエネルギー体が感じられるかもしれません。

●そして、次のように命令すると、分子と原子がゆっくりと光の体の周りで再パターン化を開始すると想像しましょう。

●ゆっくりと深く穏やかな呼吸……。

●心からの誠意を込めて、いま唱えましょう。

「私は自分自身の最高のバージョンであり、私のシステムが現時点でサポートしている真の本質の特質です。

私は、もはや私の最高のバージョンになるために役立たなくなったエネルギーの、すべての精神的なパターンを手放します」

●あなたのなかにあるエネルギーのパターンが、とてもゆっくりと再構成されていると想像してみてください。

●心からの誠意を込めてもう一度唱えます。

「私はいま、地球上またはすべての領域を通して、私の最高のバージョンのハイヤー・セルフの本質の表現を提供しなくなった、すべての感情的な体のエネルギーのパターンを手放しました。私は自分の身体システムの知性に尋ね、いま自分自身を、自分の光のエッセンスの体の周りで健康と調和を保つことができる最高のバージョンに、再パターン化します」

●あなたの内なるエネルギーのパターンが、とてもゆっくりと再構成されていると想像してみましょう。

●心からの誠意を込めてもう一度唱えます。

「私はいま、地球上、すべての領域を通して、私の最高のバージョンのより高次な自己の本質の表現にとって不要になった、すべての感情体のエネルギー・パターンを手放します。私は自分の身体システムの知性に尋ね、いま自分自身を、自分の光の本質の自己の体の周りで健康と調和を保つことができる最高のバージョンに、再パターン化します」

●これらの命令はどのように感じ、聞こえましたか？

ゆっくりとした深呼吸を維持しながら、ほかの直感的な言葉をいますぐ加えてもよいでしょう。

●いま、直感的に手放すことができると感じる古いパターンは何ですか？

それらが発生した時に手放し、命令をあなたのなかに感じましょう。そして、あなたが学んだ叡智は保ったまま、残りのすべてを手放して、あなたの最高のバージョンの自己表現をサポートしましょう。

●何を手放すことができますか？　あなたはいま何を手放す準備ができていますか？

●ゆっくりとした深呼吸……。

●そして、ゆっくりと息を吸い込むたびに、あなたを通して、あなたの周りやあなたの内側から、純粋な本質のエネルギーが創造を通してとても純粋に流れると想像してみましょう。

●あなたがいま手放す準備ができているすべてのものを手放す時、それがあなたのなかに流れ込み、あなたを通して、あなたを満たしていると想像しましょう。

●そして、息を吐きながら、システム全体を解放して、手放します。認識されるために生じる精神的なパターンを信念の束として想像してもよいでしょう。息を吐き出すことによってそれらを吐き出し、それらを手放します。

●エネルギーの感情的なパターンがエネルギーの束として一緒に流れるように想像し、また息を吐く時に、それらが息とともにあなたから流れることを想像することもできます。あなたの体がいまそれをすべて解放し、手放すと想像しましょう。

●そして、息を吸うと、エネルギー・フィールドに純粋な活力を与える本質のエネルギーが補充されると想像しましょう。

●このエネルギーがあなたのなかを流れ、あなたを満たし、必要に応じて古いパターンを溶解し、必要に応じてベストなバージョンのあなたの本質が持つ資質、そしてすべての次元ですべての生命との調和を保ちながら、あなたの本質の体現をサポートしてくれる新たなパターンのエネルギーを活性化するよう、想像しましょう。

●そして、あなたのシステムがあなたのなかで古いパターンのエネルギーを放出する際、あなたの分子と原子の振動がどのように異なるリズムに変化しているかに気づきましょう。

●深くゆっくりとした呼吸をするたびに、純粋な生命力でシステムに酸素を供給し、エネルギーを与えていることに注目してください。

●いまここで、あなたの本質とその体現をサポートする新たなパターンのエネルギーに息を吹きかけながらリラックスしましょう。

●深くゆっくりとした呼吸で、すべてを手放し、新しいパターンを受け入れましょう。

●あなたがあなたのなかでよりパワフルに生み出している本質、純粋な本質の特質を想像してみましょう。

●気持ちを込めて再びコーディングし直しましょう。

「いまここで、私は過去に集めたすべての不調和なエネルギーを手放すことを選択します。この瞬間、私は自分の最高のバージョンの本質の自己の発現をサポートするマトリックス（基盤構造）に足を踏み入れます。

私は純粋な本質であり、健康のリズムですべての人と調和して表現しています。

私の最高の本質の自己のすべての放射と輝きは、私のエネルギー・フィールドの内外のすべてを調和させ、養っています。

すべてである私はこの世界を移動するたびに、この世界を養っています。そしてそれに応えてこの世界は私を養い、調和させます」

●深くゆっくりとした呼吸……私たちが分かち合ったこれらの言葉があなたの心のなかで正しいと感じたら、「そうです。そうです。そうです」と言いましょう。

●コーディングを続行します。

「私は動く恩寵です。私は完璧に動いている愛と知恵とパワーの完璧な表現です。私は純粋な本質の存在の知恵であり、純粋な愛のある本質の美徳の感情的な表現です」

「私は、私というすべてを通して愛を持って動く仮想フィールドの純粋な知性と一体となって、すべてのレベルで私の生体システムを再配置、再パターン化、再生、栄養補給します。私の存在は純粋なエネルギーを中心とした分子構造のダンスであり、そのダンスはすべての人と調和し、すべての本質と調和しています」

●深くゆっくりとした呼吸……これらのコードがあなたの心のなかで共鳴したら、これらのコードに「そうです。そうです。そうです」と言いましょう。

●あなたのシステムの流動的な性質、原子、分子の振動、移動、再配置が、あなたの命令で実現するのを感知しましょう。

あなたの本質の特質、地球の領域を体験する際に、あなたの体の神殿がどのように役立つかを感じてください。

●感情を込めて何度も次のように唱えて、この美しい神殿を認知しましょう。
「私はあなたの体のシステム構造を愛しています。私はあなたを愛しています。私はあなたを愛しています。私はあなたを愛しています。私はあなたを愛しています……あなたは愛されているのですから、体のシステム構造に安泰し、すべてのシステム構造と調和しながら振動できますように」

●そして、あなたの内なるあなたの本質の特質への愛を感じられるようにオープンになり、あなた自身が本質として内側で存在できる身体システム構造にとても感謝していると感じましょう。

●それでは、もう少しの間、沈黙しましょう……。

●すべての領域を通してすべてと調和し、あなたが本当にあなた自身の悟りを開いた特質として真実、愛、力、栄光の輝きを失わないために、本質の存在としてこのサポート・システムを通して、ほかに何を表現する必要がありますか?

●毎日数分だけもひとりで沈黙して静止し、ゆっくりと呼吸をして、あなたの純粋で完璧な本質としての自己の特質を感じることにオープンになりましょう。そうすれば、それは開花して目覚め、その放射は私たちを通ってこの世界に流れ出し、自動的にどんな自己不和のパターンも人間の人格に溶け込みます。

●私たちは自分が何にフォーカスしているかを知っているので、いま、本質の存在としてこの領域を探索できる経験に心から感謝しましょう。

●そして、孤独のなかで沈黙して静止して座り、私たちを通して、常に、そしてこの地球のマトリックスを通して、すべての時を流れる本質の存在の広大さを探求することができることに感謝します。私たちがこの愛と知性のマトリックスで共有できるすべてのことに感謝しましょう。

●深呼吸しましょう……。

●あなたの体が宇宙のシャンパンのゆるく集まった泡の集まりのようなものであり、宇宙の愛と光に満たされ、知性で脈動し、意図、音調、光、呼吸を通してすべてがどのように再パターン化されるかを感知できるよう、ただオープンになりましょう。そして私たちの最高のバージョンの自己は、私たちがオープンになり、フォーカスすれば、いつでも自己表現できるのだと感じましょう。

●ですから、あなたの手をあなたのハートにあて、あなたの音調または音でこの瞑想を修了しましょう。

「ああ……」という発声であなたのハートを解放し、あなたの体を通して振動させることによって、この新しいエネルギーのパターンを、音調を通してあなたの内にも外にもより深く設定することができます。

●準備ができたら、ゆっくりと目を開けてストレッチをしましょう。

まとめ

多くの人がすでにこのライフスタイル・プログラムで提案されている8つのライフスタイル・ポイントのいくつかを実行していますが、8つすべてを組み合わせれば、私たちの生活に恩寵、シンクロニシティ、魔法をもたらすことができ、ダウの波動のフィールドに同調できます。

すでに述べたように、8つのライフスタイル・ポイントを実践すれば、あらゆる面でよりよく機能できるようになります。睡眠も少なくて済むので、毎日より多くの時間が得られます。毎日休まず連続でプログラムを実践すれば、22日目には新しい習慣が身についているでしょう。

この素晴らしいライフスタイルについてのポエム

瞑想、祈り、音楽など、
私たちのドアに甘いエネルギーの流れをもたらします。
私たちの脳を照らすための細かく微細な流れ。
その領域は痛みがないことを、私たちに明らかにするために、
軽い食事、エクササイズ、奉仕も加えて、

体を神殿として見て、ホリスティックな見方をし、
とても純粋な自然のなかで、沈黙のなかで過ごした時間を知っている、
ワンネス、神聖な内なるあなたを感じるために。
これらの方法が私たちを団結させ、調和をもたらします。
幸福が真実のリズムとして啓示されます。

このライフスタイルとそれがあなたの人生をどのように変えたかについて、フィードバックをお待ちしています！
jas@jasmuheen.com までメールでお送りください。

THE LUSCIOUS LIFESTYLES PROGRAM
EMBASSY OF PEACE
...A lifestyle Program for Health, Happiness & Harmony...

付記

慈悲への早道

平和使節団のテーマ(http://www.embassyofpeace.net)

平和使節団の機能は、心を開いたすべての人のための、ひとつの惑星で調和しながら生きるひとつの民族（One People Living in Harmony on One Planet ： OPHOP）を、現実として体験するための道筋と方法論を促進することです。これは、次元間エネルギー・フィールドの科学の原則に基づく特定のプログラムによって達成できます。

私たちの平和の使節

平和の使節は、新人の訓練と私たちのプログラムの継続的な改善を現使節たちが分かち合えるよう、12〜18カ月ごとに集まります。

ジャスムヒーンについて
――平和使節団の創設者（http：//www.jasmuheen.com）

42年以上の瞑想者であり、インドにあるGCSS（Global Congress of Spiritual Scientists）の生涯会長であるジャスムヒーンは、錬金術の瞑想プロセスを利用した深く内なる旅を専門としており、人々が自身の悟りを開いた資質とさらに深く融合できるようにしています。

ジャスムヒーンは平和使節団の平和の使節として20年以上旅行し、コロンビア、南米アマゾン、ブラジルのスラム街の部族文化に加え、さまざまなレベルの政府と協力して、世界で多くの前向きな事業を成し遂げてきました。2013年には、オーストリアのウィーンにて彼女の作品を再び国連で発表しました。

この間、ジャスムヒーンは内なる神聖な資源とのより強いつながりを築くことによって、よりよい世界の資源利用に関して、何百万人もの人々を教育する手助けをしてきました。

1993年以降、彼女はプラーナから栄養を得ており、20年以上にわたって食べ物を不要としてきました。深い平和に生きるジャスムヒーンは軽妙で、ユーモアに溢れ、いつも愛に満ちていて、彼女の集いはいつもインスピレーションに満ちています。

ジャスムヒーンの主な奉仕の課題は、健康的で調和のとれた世界をつくるための意識を高めることです。これをサポートするために彼女が記した38冊におよぶ形而上学の著書は、18の言語で出版されています。平和使節団の創設者であり、個人、世界、普遍的な調和に向けたプロジェクトの実施者である彼女は、マドンナの波動の惑星平和プログラムの平和の使節でもあります。また、プラーナ生活と世界的な飢餓の撲滅、形而上学、アセンション、次元間エネルギー・フィールドの科学に関する国際講師でもあります。

ジャスムヒーンは、物議を醸しているプラーナによる栄養接種の現実に関する主要な研究者で、暗室トレーニングのファシリテーターでもあります。また、セルフ・エンパワーメント・アカデミー(Self Empowerment Academy)の創設者、コズミック・インターネット・アカデミー（Cosmic Internet Academy：C.I.A.）のファシリテーター、出版および映画製作者、セイクリッド・アート・リトリートを代表するアーティスト、ミュージシャン、インドのバンガロールのピラミッドバレーを本拠とするグローバル・コングレス（Global Congress of Spiritual Scientists：GCSS）の代表者でもあります。

ジャスムヒーン来歴　タイムライン

1957年　■ノルウェーからの移民としてオーストラリアで生まれる。

1959年　■菜食主義にフォーカスしはじめる。

1964年　■気の研究を開始。

1971年　■光の言語を発見。

1974年　■古代ヴェーダ瞑想と東洋哲学を開始。

■定期的な断食を開始。

■テレパシー能力を発見。

1975～1992年　■形而上学を学び、それを応用した子育て、金融とコンピュータ・プログラミングで10年のキャリアを楽しむ。

1992年　■形而上学的な生活を追求するために企業社会から引退。

■グレート・ホワイト・ブラザーフッド、アークトゥルスのハイアー・ライト・サイエンティスト、銀河系世界評議会連盟など、多くの錬金術の達人に会う。

1993年　■気の流れを増やすためにプラーナのイニシエーションを受け、光のなかで生きはじめる。

1994年　■神聖な栄養とプラーナの栄養に関する集中的な14年間の研究プロジェクトを

1994年

開始。

■アセンデッド・マスターとの世界奉仕課題を開始。

■アセンデッド・マスターから5巻のチャネリング・メッセージの第1巻を受信。

■メタフィジカル・マニュアル『In Resonance（共鳴して）』を執筆。

■オーストラリアにセルフ・エンパワーメント・アカデミーを設立。

■形而上学と自己修得のクラスの開催を開始。

■「The Art of Resonance」ニュースレターを開始。後に「ELRAANISVoice」に名称変更。

1995年

■オーストラリア、アジア、ニュージーランドの広範囲で自己修得の研究を紹介。

■『Pranic Nourishment (Living on Light)—Nutrition for the New Millennium〔プラーナの栄養（光に生きる）—新千年紀の栄養〕』（邦訳『リヴィング・オン・ライト』ナチュラルスピリット刊）を執筆。

■プラーナ栄養研究を世界の舞台に紹介するよう誘われる。

■グローバル・メディアでの集中的な再教育プログラムを開始。

1996年

■International M.A.P.S. Ambassadry を設立（33か国で設立）。さらなるスピリチュアルなガバナンスのための世界的な選挙を開催し、各国の人々が、キリスト、仏などをスピリチュアルなアドバイザーとして選出。

■C.I.A.（Cosmic Internet Academy）を開設。個人および惑星の進歩のため

のデータをダウンロードするための無料のウェブサイト（http://www.selfempowermentacademy.com.au)。

1996~2001年
■「Back to Paradise」の課題でヨーロッパ、イギリス、アメリカ、ブラジルなど広範囲に講演ツアーを催行。

1996~2014年
■グローバル・メディアを通じて、10億を超える人々に神聖なパワーと神聖な栄養について講演。

1997年
■Living on Light の科学研究プロジェクトを創設。
■『Our Camelot Trilogy（私たちのキャメロット三部作）』の執筆を開始し、『The Game of Divine Alchemy（神の錬金術のゲーム）』を執筆。
■M.A.P.S. Ambassadry Alliance を結成。グローバルな調和と平和に取り組む人々。

1998年
■非の打ちどころのない修得への課題を紹介するための国際ツアーを催行。
■『Our Progeny—the X-Re-Generation（私たちの子孫について—the X-Re-Generation)』を執筆。

1998~1999年
■『Ambassadors of Light — World Health World Hunger Project（光の使節—世界の健康世界の飢餓プロジェクト）』を執筆および出版。
■後に『Biofields and Bliss（生体フィールドと至福）』シリーズとなった『Wizard's Tool Box（ウィザードのツールボックス）』を執筆。

1999年
■『Dancing with my DOW—Media Mania, Mastery and Mirth（私のダウと一緒

に踊る―メディアマニア、修得、マース）』を執筆。

1999年　■飢餓と健康の解決策に関して世界政府との連絡を開始。

1999〜2001年　■パラダイスの青写真を共有するための国際ツアーを催行。

2000年　■M.A.P.S. アンバサダー国際トレーニング・リトリートを開始。

■『Divine Radiance―On the Road with the Masters of Magic（神の輝き―魔法の達人との道）』を執筆。

2000〜2001年　■28の主要都市でエーテル体政府の選挙を促進するための国際ツアー「Dancing with the Divine」を催行し、L.L.P.（Luscious Lifestyle Program）も紹介。

■風変わりなコーヒー・テーブル・ブック『Cruising Into Paradise（パラダイスへのクルージング）』を執筆。

2001年　■OPHOP アジェンダ「OnePeople in Harmony on OnePlanet」を創設。

■『Four Body Fitness―Biofields and Bliss Book 1（４つのボディ・フィットネス―生体フィールドと至福の本１）』を執筆。

■『Co-Creating Paradise―Biofields and Bliss Book 2（パラダイスの協同創造―生体フィールドと至福の本２）』を執筆。

■グローバル・ヘルスと幸福を共創するためのツールとして「Recipe 2000（レシピ２０００）」を地球上のすべての人々の平和と繁栄に向けて発表。

2002年　■パーフェクト・アラインメント・パーフェクト・アクション・ホリスティック

教育プログラムを備えたウェブサイト（http://www.jasmuheen.com）とそのI.R.S.を創設。主な目的は人類の楽園の共創を啓蒙、記録し、要約して紹介すること。

■「Divine Radiance FOUR BODY FITNESS—Unity ２００２」ワールドツアー。

■無料の電子書籍『Biofields and Bliss Book 3（生体フィールドと至福の本３）』として、マドンナ周波数惑星平和プログラムを受け取り、執筆し、創設。

２００２～２００３年
■『The Food of Gods（神々の食物）』を執筆。

２００３年
■「神の栄養とマドンナ周波数惑星平和プロジェクト」ワールドツアーを催行。

２００４年
■『The Law of Love（愛の法則）』を執筆し、「愛の法則とその素晴らしい自由の波動」のテーマでツアーを催行。

２００５年
■『Harmonious Healing and The Immortal's Way（ハーモニアス・ヒーリングと不滅の道）』を執筆し、その後「ハーモニアス・ヒーリング」のテーマでツアーを催行。

■『The Freedom of the Immortal's Way』の作業を開始し、さらに『The Enchanted Kingdom Trilogy and The Prana Program（第三世界の国々のためのエンチャンテッド・キングダム・トリロジーとプラーナ・プログラム）』の執筆を継続。

■11月、ウィーンの国連で意識的な生活のための協会にプラーナ・プログラムを発表。

2006年　■プラーナ・プログラムによる国際ツアーを催行。

2007年　■再臨および再臨のダンスをテーマとした国際ツアーを催行。

■07年07月07日に平和使節団を創設、平和の使節と愛の外交官のためのトレーニング・プログラムを開始。

■『The Bliss of Brazil and The Second Coming（ブラジルの至福と再臨）』を出版。

2008年　■『The Queen of the Matrix, The King of Hearts and Elysium（マトリックスの女王、ハートの王、エリュシオン）』を6年間執筆した後、『Enchanted Kingdom（エンチャンテッド・キングダム）』（邦訳はナチュラルスピリット刊）シリーズを出版。

■「Future Worlds Future Humans」のテーマでツアーを催行し、インドでより集中的な作業を開始。

■インド、バンガロールのスピリチュアル・サイエンティスト・ピラミッド・バレーのグローバル会議の会長に任命。

■コーヒー・テーブル・ブック『Sacred Scenes and Visionary Verse（聖なる場面と幻想的な詩）』と『Cruising Into Paradise（パラダイスへのクルージング）』を出版。

２００９年

■地球外生命体の研究に焦点を当てた、平和使節団の「Universal Harmonization Program（ユニバーサル・ハーモナイゼーション・プログラム）」を発表し、ツアーを催行。

■『Meditation Magic（瞑想の魔法）』を出版。

■『Enchanted Kingdom（エンチャンテッド・キングダム）』シリーズの第４巻『Cosmic Wanderers（コズミック・ワンダラーズ）』の執筆を開始。

■２００９年から２０１１年までYouTubeチャンネルで教育とエンターテインメントのための無料の動画を提供し、教育用ＤＶＤ、アート、音楽を作成することに注力。YouTubeチャンネルには、６００を超える無料の教育ビデオを収録（http：//youtube.com/jasmuheen）。

２０１０年

■南アメリカとインドでの仕事を続け、「Harmonics of the Heavenly Heart and Pranic Living Agenda（天の心の調和とプラーナの生活）」というテーマでツアーを催行。

２０１１年

■『Pathways of Peace Pragmatics（平和の道）』（邦訳はナチュラルスピリット刊）を出版し、ツアーを催行。YouTube動画を提供。

■新しい子供向け著書シリーズ『Siriana's Adventures — Earth Bound（シリアナの冒険—アースバウンド）』を出版。

２０１２年

■『Being（存在）』を出版し、ワールドツアーを催行。Cosmic Wanderersに関する『Enchanted Kingdom（エンチャンテッド・キングダム）』シリーズの4作目と、旅行ジャーナル『The Rhythms of Love』を出版。

2013年
■11月1日、トルコのイスタンブールで開催された世界平和デー会議で平和使節団の活動を紹介。
■平和パラダイムとプログラムを通して、すべてのグローバルな運用システムをアップグレードすることをテーマにした「YESのテーマ」にフォーカス。「栄養を外側から内側または内側から外側またはその両方から提供―栄養の宇宙マイクロ燃料システム」を提供。
■10月24日、ウィーンの国連に戻り、彼女の宇宙マイクロ燃料プログラムの最新情報を紹介。

2014年
■『The Pure Love Channel with its Templates of Perfection（完璧なテンプレートをもつ純粋な愛のチャンネル）』の執筆を開始し、このテーマでツアーを催行。

2015年
■ヨーロッパでの仕事を終え、暗室でのリトリートと中国の平和使節団での仕事に専念。

2016年
■旅行から休みをとり、『The Luscious Lifestyle Program（快適なライフスタイル・プログラム）』のマニュアル、『Pranic People, Pranic Living（プラーナの人々、プラーナの生活）』および『True Love Pure Love（真の愛、純粋な愛）』を出版。

著書一覧

ジャスムヒーンの著書は現在18の言語で出版されています。ジャスムヒーンの著作と研究マニュアルのセレクションは彼女のウェブサイトから購入できます。

1）『Encanted Kingdom Trilogy（エンチャンテッド・キングダム・トリロジー）』（3冊セット）
2）『Queen of the Matrix ― Fiddlers of the Fields（マトリックスの女王―フィールドのフィドラー）』（邦訳はナチュラルスピリット刊）〔『Enchanted Kingdom Trilogy（エンチャンテッド・キングダム・トリロジー）』の第1巻〕
3）『King of Hearts ―The Field of Love（ハートの王―愛のフィールド）』（邦訳はナチュラルスピリット刊）〔『Enchanted Kingdom Trilogy（エンチャンテッド・キングダム・トリロジー）』の第2巻〕
4）『Elysium ― Shamballa's Sacred Symphony（エリュシオン―シャンバラの聖なる交響曲）』（邦訳はナチュラルスピリット刊）〔『Enchanted Kingdom Trilogy（エンチャンテッド・キングダム・トリロジー）』の第3巻〕
5）『The Food of Gods（神々の食物）』（邦訳はナチュラルスピリット刊）
6）『The Law of Love and Its Fabulous Frequency of Freedom（愛の法則とその素晴らしい自由の頻度）』
7）『The Prana Program ― Effective and Enjoyable Evolution（プラーナ・プログラム―効果的で楽しい

進化)』
8)『Pranic Nourishment (Living on Light) ―Nutrition for the New Millennium〔プラーナの栄養(光に生きる)―新千年紀の栄養〕』(邦訳はナチュラルスピリット刊)
9)『Ambassadors of Light―World Health World Hunger Project(光の使節―世界の健康世界の飢餓プロジェクト)』
10)『The Bliss of Brazil and The Second Coming(ブラジルの至福と再臨)』
11)『In Resonance(共鳴して)』
12)『Divine Radiance―On the Road with the Masters of Magic(神の輝き―魔法の達人との道)』
13)『Harmonius Healing and The Immortal's Way(ハーモニアス・ヒーリングと不滅の道)』
14)『Darkroom Diary Downloads and The Freedom of The Immortal's Way(暗室日記のダウンロードと不滅の道の自由)』
15)『Cosmic Colleagues―Messages from the Masters(宇宙の同僚―マスターからのメッセージ)』
16)『Biofields and Bliss Trilogy(バイオフィールド・アンド・ブリス・トリロジー)』
17)『Four Body Fitness―Biofields and Bliss(4つの・ボディ・フィットネス―生体フィールドと至福)』
18)『Co-creating Paradise(パラダイスの共創)』
19)『'The Madonna Frequency' Planetary Peace Program(「マドンナ周波数」惑星平和プログラム)』
20)『Meditation Magic(瞑想の魔法)』
21)『Sacred Scenes and Visionary Verse(聖なる場面と幻想的な詩)』

22）『Cruising Into Paradise（パラダイスへのクルージング）』
23）『Embassy of Peace Programs（平和プログラム使節団）』
24）『Siriana's Adventures―Earth Bound（シリアナの冒険―アースバウンド）』
25）『Pathways of Peace Pragmatics（平和の道）』
26）『Being Essence（エッセンスであること）』
※25および26の邦訳は合本で『「平和の道」と「本質」で在ること』ナチュラルスピリット刊
27）『Cosmic Wanderers（コズミック・ワンダラーズ）』〔『Enchanted Kingdom（エンチャンテッド・キングダム）』シリーズの第4巻〕
28）『Pranic People, Pranic Living（プラーナの人々、プラーナの生活）』
29）『The Luscious Lifestyle Program（**快適なライフスタイル・プログラム**）』（本書）
30）『True Love Pure Love（真の愛、純粋な愛）』
31）『Unity Reset―for an Evolving World（統合リセット―進化する世界のために）』（邦訳はナチュラルスピリット刊）

訳者あとがき

ジャスムヒーンが長年実践し、読者の皆様にも奨励する「快適なライフスタイル」を実現するための秘訣、いかがでしたでしょうか？

ほとんど食事をとらず、プラーナ（光）だけで生きている、とされるジャスムヒーン。前回『統合《ユニティ》リセット―進化する世界のために』（ジャスムヒーン著、エリコ・ロウ訳、ナチュラルスピリット刊）を翻訳させていただいた時には、うつろう想いをそのまま書き留めたような、とりとめがなく妖精の囁きのような文章を、よりわかりやすく日本語でお伝えするのに苦労しました。

いっぽう、本書『快適なライフスタル・プログラム』では、ジャスムヒーン・スタイルの詩的な表現に加えて、彼女の別の側面も表れています。自分の信念を守り目標を実現するための現実的で実行可能なアプローチを見つけ、日々の努力を怠らない地に足がついた修行者として、また、講演や著作を通じて世界中の人々に影響を与えてきたオピニオン・リーダーとしてのジャスムヒーンに、改めて出会ったような気がしました。

ハートとマインドを同調させること、まず自分を愛すること、人の本質や宇宙の普遍の法則を知ること、祈りのパワー、私達には自分自身をプログラミングする能力があること、体を自分の神殿として尊重し労る必要があること、食生活が個人の心身はもとより世界に与える影響について、自己中心的にならずに無私・無償の奉仕の精神を育てることで自分自身にも本当の幸福を招けること、自然との調和の大切さ、サウンドのヒーリング・パワーなどなど。

本書でジャスムヒーンが週ごとに提唱している内容の一つひとつは、自己啓発やスピリチュアルな成長をめざす読者の方々にとっては目新しい内容ではないかもしれません。でも、そうしたアイデアを机上の学びとして理解したつもりではいても、実際に毎日の暮らしに取り入れ、実践できていると自信を持って言える方はあまり多くはないでしょう。


マインドフルネスやエネルギー・メディスンのトレーナーでもある私自身も、有言不実行になっていることが多いものです。たとえば、自己肯定や自己愛のアファメーション（肯定的な自己暗示）の効果が心理学的にも実証されていることは知っており、他人には勧めつつも、自分ではあまり活用してきませんでした。多忙でストレス過多になりがちな時にこそ役立つマインドフルネス瞑想も、多忙な時ほど時間を惜しんで端折《はしょ》りがちでした。

本著の翻訳はそんな内省のチャンスにもなりました。

本書では各週の最後に音楽を取り入れることも奨励していますが、音楽を聴くことによる波動ヒーリングの効果に加え、歌ったりハミングしたりすると喉を走る副交感神経の迷走神経への刺激になり、心身が落ち着くことも証明されています。

心身に働きかけるさまざまなワークを、趣味的な活動やエクササイズとして時々行うだけで満足するのではなく、そのすべてを統合した生き方を、新たな時代を楽しく生きるための「ライフスタイル」にするよう、ジャスムヒーンは応援してくれているのです。

２０２２年２月22日　エリコ・ロウ

Jasmuheen
著者 ◉ ジャスムヒーン

オーストラリア人。メタフィジックについて 20 冊の著書を出版し、プラーナの栄養についての分野で調査を続けるとともに、国際的にレクチャーを行っている。20 年以上にわたり、ほとんど食事をとらずプラーナ（光）だけで生きている。邦訳に『リヴィング・オン・ライト』『神々の食べ物—聖なる栄養とは何か』『マトリックスの女王』『ハートの王』『エリュシオン』『「平和の道」と「本質」で在ること』『統合リセット—進化する世界のために』（ナチュラルスピリット刊）がある。

・平和使節団・創始者—平和の大使、国際的な講演者および各種オンライン・コースのファシリテーター。
・アーティストおよび聖なるアートのリトリートファシリテーター、映像作家およびミュージシャン。
・著者およびメタフィジカル研究者〔35 冊の著書が 18 カ国語に翻訳されている。また、健康と幸福を促進するためのジャスムヒーン瞑想法のガイドをしている。さらに姉妹サイト C.I.A.（Cosmic Internet Academy ：宇宙インターネットアカデミー） の Our Selves（わたしたち自身） のページで、自らの人生の成功法のヒントを提案している〕。
・ダークルーム・トレーニングのファシリテーター。
・プラーナで生きること、リヴィング・オン・ライト、ブレサリアンといった活動の研究者。
・スピリチュアルな科学者の世界会議の代表者、セルフ・エンパワーメント・アカデミー創始者および宇宙インターネットアカデミーのファシリテーター。

＜ジャスムヒーンの主要な活動のアジェンダは、健康で調和的な世界を共同で創造するために意識を向上することです＞

・ジャスムヒーンサイト　http：//www.jasmuheen.com/
・YouTube　https：//www.youtube.com/jasmuheen
・フェイスブック　https：//www.facebook.com/pages/Jasmuheen

Eriko Rowe
訳者 ◉ エリコ・ロウ

在米ジャーナリスト、著作家、翻訳家。バイオ・エネルギー・トレーナー。長年にわたり取材と実践で世界の伝統療法を学び、ドクター・ニダの直伝でユトク・ニンティク修行中。著書には『キラキラ輝く人になる』（ナチュラルスピリット）、『アメリカ・インディアンの書物よりも賢い言葉』（扶桑社）、『死んだ後には続きがあるのか』（扶桑社） など、訳書には『ワン・スピリット・メディスン』（アルベルト・ヴィロルド著、ナチュラルスピリット）、『「悟り」 はあなたの脳をどのように変えるのか』（アンドリュー・ニューバーグ、マーク・ウォルドマン著、ナチュラルスピリット）、『カルマムードラ：至福のヨーガ —チベット医学・仏教におけるセクシャリティ』（ドクター・ニダ著、ナチュラルスピリット）などがある。

快適なライフスタイル・プログラム

●

2022年9月24日　初版発行

著者／ジャスムヒーン
訳者／エリコ・ロウ

装幀・DTP／細谷 毅
編集／磯野純子

発行者／今井博揮
発行所／株式会社 ナチュラルスピリット
〒101-0051 東京都千代田区神田神保町3-2 高橋ビル2階
TEL 03-6450-5938　FAX 03-6450-5978
info@naturalspirit.co.jp
https://www.naturalspirit.co.jp/

印刷所／創栄図書印刷株式会社

ISBN978-4-86451-412-5 C0011

●新しい時代の意識をひらく、ナチュラルスピリットの本

統合《ユニティ》リセット
進化する世界のために

ジャスムヒーン 著
エリコ・ロウ 訳

アセンションのために、ディセンションする！ 20年以上ほぼプラーナだけで生き続けている著者が、統合へ向かう特定のコードを一挙公開!!

定価 本体二七〇〇円＋税

リヴィング・オン・ライト　POD版
あなたもプラーナで生きられる

ジャスムヒーン 著
埴原由美 訳

何も食べずに光のプラーナだけで何年も生き続けている女性が、体験をもとにみずから語る驚異の理論と実践法。

定価 本体二四〇〇円＋税

「平和の道」と「本質」で在ること
平和への12の道が悟りの本質へとつながる

ジャスムヒーン 著
立花ありみ 訳

本質（エッセンス）は、愛であり、中心から満たし、放射し、輝き出す。本書は『平和の道』（第一部）と『本質で在ること』（第二部）の合本です。

定価 本体二五〇〇円＋税

マトリックスの女王
フィールドをあやつる宇宙の騎士たち（魔法の王国シリーズⅠ）

ジャスムヒーン 著
山形 聖 訳

ジャスムヒーンの「魔法の王国」シリーズ第1弾！ 無限の愛と知性からなる調和に満ちた世界へ向けて、今、壮大なドラマが始まる！

定価 本体一八〇〇円＋税

ハートの王
愛のフィールド（魔法の王国シリーズⅡ）

ジャスムヒーン 著
山形 聖 訳

『マトリックスの女王』に続く待望のシリーズ第2弾！ 時空を超えて交錯する愛のフィールドの物語。

定価 本体一七〇〇円＋税

エリュシオン
シャンバラの聖なる交響曲（魔法の王国シリーズⅢ）

ジャスムヒーン 著
山形 聖 訳

「魔法の王国」シリーズ第3弾！ 機は熟した。栄枯盛衰のサイクルを脱却して、地球に今、理想郷へとつづく扉が開示される。

定価 本体一八〇〇円＋税

神々の食べ物
聖なる栄養とは何か

ジャスムヒーン 著
鈴木里美 訳

ほとんど何も食べずに生きている著者が、光（プラーナ）で生きるための「聖なる栄養プログラムとテクニック」を解説。

定価 本体二七八〇円＋税

お近くの書店、インターネット書店、および小社でお求めになれます。

●新しい時代の意識をひらく、ナチュラルスピリットの本

エネルギー・コード
ドクター・スー・モーター 著
エリコ・ロウ 訳
スピリットを目覚めさせ、身体を癒し、最高の人生を生きる！ エネルギーを活性化する呼吸法や簡単で効果的な動作や瞑想、特別なヨガを紹介。
定価 本体二七〇〇円＋税

メディカル・ミディアム 医療霊媒
アンソニー・ウィリアム 著
寺島裕美子 訳
慢性病や原因不明・治療法不明の病（ミステリー病）の予防と治療に関する膨大な知識と真に癒される方法を紹介する。
定価 本体二九八〇円＋税

植物のスピリット・メディスン
植物のもつヒーリングの叡智への旅
エリオット・コーワン 著
村上みりこ 訳
植物にスピリットがあり、そのスピリットが最も強力なメディスンとなる。そして、そのスピリットは心と魂の最も深い領域を癒すことができるのだ。
定価 本体二五〇〇円＋税

エネルギー・メディスン
ドナ・イーデン
デイヴィッド・ファインスタイン 著
日高播希人 訳
東洋の伝統療法と西洋のエネルギー・ヒーリングを統合した画期的療法。エネルギー・ボディのさまざまな領域を網羅！
定価 本体二九八〇円＋税

シータヒーリング
ヴァイアナ・スタイバル 著
シータヒーリング・ジャパン 監修
山形 聖 訳
自身のリンパ腺癌克服体験から、人生のあらゆる面をプラスに転じる画期的プログラムを開発。願望実現や未来リーディング法などの手法も多数紹介。
定価 本体二九八〇円＋税

応用シータヒーリング
ヴァイアナ・スタイバル 著
栗田礼子 ダニエル・サモス 監修
豊田典子 訳
大好評の『シータヒーリング』の内容を更に進めた上級編！ 詳細な指針を示し、より深い洞察を加えていく。
定価 本体二八七〇円＋税

ハートへの旅
脳からハートへシフトする
ドランヴァロ・メルキゼデク
ダニエル・ミテル 著
紫上はとる 訳
人類の歴史において、ハートへの旅に乗り出すことが今ほど重要なときはありません。ハートに入るための古今東西の瞑想法を紹介！
定価 本体一八〇〇円＋税

お近くの書店、インターネット書店、および小社でお求めになれます。

●新しい時代の意識をひらく、ナチュラルスピリットの本

パワーか、フォースか　改訂版
デヴィッド・R・ホーキンズ 著
エハン・デラヴィ&愛知ソニア 訳
覚醒（悟り）体験をしている著者が、意識のエネルギーレベルを一～一〇〇〇のスケールに分けたマップを作成し記述した画期的な書！
定価 本体二六〇〇円＋税

喜びから人生を生きる！
臨死体験が教えてくれたこと
アニータ・ムアジャーニ 著
奥野節子 訳
山川紘矢さん亜希子さん推薦！ 臨死体験によって大きな気づきを得、その結果、癌が数日で消えるという奇跡の実話。（医療記録付）
定価 本体一六〇〇円＋税

アナスタシア
響きわたるシベリア杉　シリーズ1
ウラジーミル・メグレ 著
水木綾子 訳
岩砂晶子 監修
ロシアで100万部突破、20ヵ国で出版。多くの読者のライフスタイルを変えた世界的ベストセラー！
定価 本体一七〇〇円＋税

プレアデス＋かく語りき
地球30万年の夜明け
バーバラ・マーシニアック 著
大内 博 訳
30万年前、爬虫類系の創造神に地球は乗っ取られ、闇の世界になった。今こそ、「光の世界」へ変換する時である。光の革命書、待望の改訂復刊！
定価 本体二六〇〇円＋税

オープニング・トゥ・チャネル
サネヤ・ロウマン
デュエン・パッカー 著
中村知子 訳
高次元のガイドとつながるためのプロセスを一からステップごとに紹介。内なるガイドとつながって、幸せへの道を一緒に歩みましょう！
定価 本体二七八〇円＋税

あるがままに生きる
足立幸子 著
25万部以上のベストセラー&ロングセラー！ 宇宙の波動と調和して直観に従って素直に生きる、新しい時代の生き方を示す一冊。
定価 本体一二〇〇円＋税

波動の法則
足立育朗 著
形態波動エネルギー研究者である著者が、宇宙からの情報を科学的に検証した、画期的な一冊。宇宙の仕組みを理解する入門書。
定価 本体一六一九円＋税